アメリカは日本経済の復活を知っている

浜田宏一

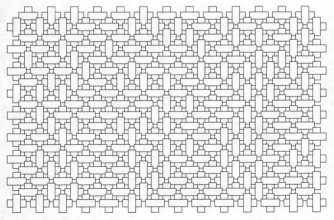

講談社+α《プラスアルファ》文庫

文庫版まえがき――賃金の上昇はいつ起こるのか

二〇一二年一二月――本書の単行本が出版されたのと時を同じくして、自由民主党は政権の座に返り咲き、安倍《あべ》晋三《しんぞう》氏が再び首相となった。

安倍首相の政策の柱は「アベノミクス」と呼ばれる日本経済の立て直し策。かくいう私は内閣官房参与に任命され「アベノミクスの教祖」などと呼ばれることになった。その話題性もあってか、おかげさまで本書の単行本は約二〇万部のベストセラーになり、私もアメリカと日本を往復する、慌ただしくも充実した日々を送らせてもらっている。

そして、「アベノミクス」がスタートしてから二年以上が経ち、その効果は着実に現れている。たとえば失業者数の減少だ。二〇一一年一一月時点での失業者数は、三一九万人。これが二〇一五年七月には、二二〇万人に減った。民主党政権末期の二〇一二年七‐九月期と、二〇一四年の同期を比較すると、役員を除く雇用者数が一〇一万人も増加している。一〇〇万人といえば東京ドームの収容人員の二〇倍以上である。想像してみてほしい。

またGDP統計の雇用者報酬を見ると、賃金総額も上がっている。一方、実質賃金が上がっていないのは消費税増税の影響だ。私は消費税増税に関しては慎重になるべきだという意見を述べてきたのだが、増税の影響を差し引けば、「アベノミクス」は成果を残してきたといっていいだろう。

もちろん、批判があることも承知している。たとえば「なぜ二パーセントのインフレ目標が達成されていないのか」などであるが、これについては以下、説明しよう。

まず、「アベノミクス」以前の日本はデフレ経済だった。デフレの環境下では人々がお金を使わない、つまり消費が増えないから景気が低迷する。そこで「アベノミクス」では、二〇一三年四月から二年を目処《めど》に消費者物価指数の上昇率を二パーセントまで引き上げるという政策をとった。緩やかなインフレ期待を与えることで、消費や投資をうながそうとしたのだ。

しかし、消費者物価は当初の目標ほどには上がらなかった。なぜか？　原油価格が大幅に、半値以下に下落したからである。これは当然、あらゆる物の値段に大きな影響を与えた。誰にも予想できなかったことだが、「朗報」だともいえる。

オイルショックをはじめ、日本は常に原油価格の上昇に苦しめられてきた。日本経済にとって、エネルギーは「アキレス腱」だったのだ。ところが、二〇一四年以降の原油価格下落は一過性のものではなく、当面は続く。日本にとってはプラス要因になるともいえるのだ。

株価の上昇についてはどうだろうか。日経平均が二万円を超えたことに対しては、「実体を伴わないバブル相場だ」という批判がある。もちろん、金融緩和によって実力以上に株価が上がるということもありえるのだが、私はそうした心配はしていない。物価や賃金が急激に上昇しているなら要注意だが、そうはなっていないからだ。そう、まだバブルの心配をする時期ではないのである。

また株価の上昇は、株を持っていない人にも大きな恩恵をもたらす。年金財政が何兆円の単位で改善するからだ。

さて、では読者のみなさんが景気回復を実感できるだけの賃金上昇は、いつ、どのようにもたらされるのだろうか？

経済学的には、「アベノミクス」下の有効求人倍率が続いていけば、従業員を集めるのが難しくなり、実質賃金は上がっていくはずだ。それがすぐに起こらなかったのは、社内に人が余っていたためであろう。この傾向は、特に中小企業で強いと思われる。しかし、時が経つとともに余剰人員が解消され、生産性が高まっていけば、賃金も上昇する。

都市部と地方の格差も、大きな問題の一つ。地方経済の状況が悪いから、土地が収益を生まず、地価も上がらない。労働賃金も上がっていかない。といって、政府が地方にお金を配るのにも限界があるし、労働力が余っている状況では、「アベノミクス」で多少、労働市場が良くなっても、直ちに賃上げというわけにはいかない。アーサー・ルイス氏（ノーベル経済学賞受賞者）が唱える過剰人口の発展論では、発展するのはまず都市部であり、地方から労働力を吸収していく。そののちに、ある時点から地方も人手不足になる。そこから、本当の意味での一国の経済発展が始まる。どうしても、発展するのは都市部が先になるのだ。

そうはいっても、日本ではコミュニティを維持するため、地方からの人口の流出を阻止する必要がある。地方は自力で活性化していかなければならない。そして、そのためにも有効なのが法人税減税。これは「アベノミクス」の「第三の矢」として、地方衰退を阻止する最大の武器となる。

日本の法人税はアメリカに次いで高いから、外国からの投資を呼び込むことが難しい。日本人の投資も外国に向いてしまう。こうして外国に移っていくのは、都市部のオフィスではなく、地方の工場なのだ。イギリスでは、法人税の実効税率が二〇パーセントにまで下がっている。日本も現在の約三五パーセントから二〇パーセント台前半に下げれば、投資ブームが起きるはずだ。

これに対して財務省は、「では代わりの財源はどうするのか?」と指摘してくるはずだ。しかし、法人税を安くして投資を呼び込み、日本からの投資も逃がさなければ、企業収益も国民所得も上がるのだから、結果として税収も増えるのだ。

それと同時に、特定の業界の減税を認める「租税特別措置」を撤廃していくべきだろう。「租税特別措置」は重厚長大産業、そのなかでも特定の企業が受ける場合が多く、そのため役所の権益を生む温床になりやすい。これに加え、使用した化石燃料の炭素含有量に応じて税金を課す「炭素税」を導入すれば、地球温暖化の対策にもなり、税収を増やすことができる。

そして、今後の日本経済がさらに成長するために欠かせないのが先述の「第三の矢」、すなわち成長戦略だ。政策メニューとして挙げられているのは、法人税減税やTPPの推進、女性の就業率をヨーロッパ並みに引き上げることなどである。

ただ私は、成長戦略で最も大事なのは規制改革だと考えている。たとえば、私は日本とアメリカを頻繁に往復するので、羽田空港の国際化は非常にありがたい。しかし一方、成田空港のある千葉県の知事は、霞が関で、国際線をこれ以上羽田に移さないよう陳情したという。こうしたことが、規制改革を阻んでいるのだ。

羽田の国際化によって恩恵を被る人は多いはずだから、規制はどんどん撤廃すべきだ。政治家や官僚がやる気になれば、税金をまったく使わずに実現できることである。にもかかわらず進んでいかないのは、政府に限らず企業にまで、旧態依然としたシステムが根強く残っているからだろう。

日本企業では、社長や会長だけでなく、「相談役」という形で何代も前の経営者が部屋を持ち、経営に口を出すことがある。いわば「長老支配」だ。収益以上に経営者の利益ばかりを優先する企業も目立つ。

このような日本社会に根づいたシステムを、いかに変えていくか——そこにこそ政治のリーダーシップが果たす役割がある。金融改革の先にある成長戦略と構造改革、それらが「アベノミクス」の成功を確実なものにするのだ。その意味で、「アベノミクス」はまだ道半ばだといえるだろう。

何も特別なことではない。世界の経済学の常識に則《のっと》って、まっとうなことをやればいい。そして強調しておきたいのは、安倍首相—菅義偉《すがよしひで》官房長官のコンビはまっとうなことを正面からやろうとする内閣だということ。そして、それを実行できるような国民の支持を得ている、史上まれなる内閣だということである。

黒田東彦《くろだはるひこ》総裁以前の日本銀行や、民主党幹部は、世界共通の経済学に則ったマクロ経済の知識や金融の常識を欠いていた。経済学の正道にもどったゆえに、アベノミクスは成功したのである。それなのに、ジャーナリストや学者のなかには、雇用の圧倒的な回復を無視して、「金融政策は効かない」「アベノミクスは終わった」などという寝言を述べている者がいる。このような、いわば魔女のささやきに耳を貸すと、日本経済は本当に「失われた三〇年」を経験することになる。本書は読者がそのような誤った考えにおちいらないようにという願いのもとに書いている。

経済政策とは国民すべてのためにあるもので、一部の人たちを潤わせるためにあるのではない。本書も、日本人すべての未来のために書いたものだ。私が考える「アベノミクス」の根本的な姿勢と考え方は、すべて記したつもりである。

「これから日本経済はどうなるのか？　庶民の生活は良くなっていくのか？」——本書が、そうした疑問に答えることができれば、これ以上の幸せはない。

なお、文庫化に当たり、単行本の表記を変えた部分がある。個人の役職や、現在では結果が明らかになっている箇所だ。これは読者の読み安さを考えてのことである。また、新たな政策課題についての論点も簡単に付け加えた。

まえがき――五〇年の研究生活の「最終講義」として

私は日本とアメリカで五〇年以上、経済学を学び、研究してきた。自分でも信じがたいが、本書の刊行とともに喜寿を迎えた。アメリカには「最終講義」のしきたりはないが、日本であれば学者人生を振り返った講義をする時期だろう。

私は東京大学やイェール大学で四〇年以上にわたり教鞭《きょうべん》をとってきたが、正直にいえば、いま、「果たしてそれが社会のために役立ったのだろうか」と自信を失いかけている。

ある人々は私のことを「ノーベル経済学賞候補者の一人」などといってくれることもある。実力以上に持ち上げてくれるのはうれしいが、経済学が世のためになる「経世済民」の学問だと考えると、とてもそんな資格などないように思える。

なぜか？　友人がいうように、教え子である、日本銀行総裁を務めた白川方明《しらかわまさあき》氏を正しく導くことができなかったからである。

結論からいおう。二〇年もの間デフレに苦しむ日本の不況は、ほぼすべてが日銀の金融政策に由来したものである。

白川氏は、アダム・スミスから数えても二〇〇年あまり、経済学の泰斗《たいと》たちが営々と築き上げてきた、いわば「水は高いところから低いところに流れる」といった普遍の法則を無視した。世界孤高の「日銀流理論」を振りかざし、円高を招き、マネーの動きを阻害し、株安をつくり、失業や倒産を生み出してきた。年間三万人を超えた自殺者も金融政策とまったく無関係ではない。

この大きな政策の誤りが日本経済に与える影響については、本文で詳しく説明するが、本書で解説する理論は、なにも私一人だけが主張するものではない。日本を別にすればほとんど世界中の経済学者が納得して信じ、アメリカ、そして世界中の中央銀行が実際に実行しているものなのである。

「金融政策だけではデフレも円高も阻めない」——これが、経済学二〇〇年の歴史に背を向ける「日銀流理論」だ。

だが、二〇一二年二月一四日、日銀が一パーセントのインフレ「ゴール」を設定すると、たちまち株価は一〇〇〇円高、円は四円安となった。はっきりと効果が認められたのだ。

また、二〇一二年一一月に衆議院が解散されると、自由民主党総裁の安倍晋三《あべしんぞう》氏が二パーセントのインフレ目標を提唱し、デフレ脱却を訴えた。すると、一ドル七九円台だった円はすぐに八二円台に、日経平均株価も二週間で最大九〇〇円近く値上がりした。このことは、金融政策の効果が、「期待」に大きく依存していることを示している。

――正しい理論に基づく金融政策は有効なのである。日銀が、なぜかそれをしてこなかっただけなのだ。逆にいえば、正しい理論に基づいた金融政策が行われれば、日本経済の復活は可能だという証拠でもある。

いま私の研究生活の集大成として、なぜ経済政策が、そして特に日本の金融政策がこうも間違えるのかに関して、日米の政治家、中央銀行関係者、政策当事者、学者、エコノミスト、ジャーナリストたちにインタビューを行っている。

すでに六〇人以上から聞き取りを行っているが、そのなかには、教科書でも有名なグレゴリー・マンキュー、ウィリアム・ノードハウス、元大統領経済諮問委員長のマルティン・フェルドスタイン、グレン・ハバード、それにベンジャミン・フリードマン、デール・ジョルゲンソン、ロバート・シラー等の泰斗、そして日本では、安倍晋三氏、堺屋太一《さかいやたいち》氏、竹中平蔵《たけなかへいぞう》氏、中原伸之《なかはらのぶゆき》氏、黒田東彦《くろだはるひこ》氏、岩田規久男《いわたきくお》氏、岩田一《いわたかず》政《まさ》氏、伊藤隆敏《いとうたかとし》氏等の俊才が含まれる。

そこであらためて分かったことがある。外国人学者のほとんどすべて、尊敬すべき日本の学者たちは、潜在成長率のはるか下で運営されている日本経済を「ナンセンスだ」と考えているのだ。

そう、アメリカは、いや世界は、日本経済が普遍の法則に則《のっと》って運営されさえすれば直ちに復活し、成長著しいアジア経済を取り込み、再び輝きを放つことができることを知っていたのである。

私が本書のタイトルを『アメリカは日本経済の復活を知っている』としたのも、ここに理由がある。もちろんそこには、私が第二の故郷たるアメリカから経済学を研究し日本を見続けてきた結論、という意味も含まれている。

本書は、私が広く一般の方々に披露できる「最後の講義」という気持ちを込めて執筆した。「ハーバード白熱教室」の思想的深みはないかもしれない。しかし本書を理解してもらうかどうかには、国民の生活が具体的にかかっている。だからこそ、私の最終講義を、一般の方々にもぜひ読んでいただきたいのである。

というのも、日銀の政策を変える政治を動かすのは、経済学など人生とは無縁と考えておられる一般国民の方々だからである。アメリカからお伝えする、世界から見れば常識である日本経済の復活――その可能性を、本書から読み取っていただければと切に願う。

奇《く》しくも本書の最終校正中に、日頃から私の意見を理解してくださる自民党総裁・安倍晋三氏から国際電話がかかってきた。二〇一二年一二月一六日の衆議院議員選挙で論点になる日銀の政策に関する質問であった。

私は恐縮しながらも、「安倍先生の政見は、まったくもって正しいのです。自信を持って進んでください」とお答えしたが、その理由については本書で詳しく説明している。

なお、特にことわりのない限り、登場人物の肩書は当時のものとさせていただいた。

目次◉アメリカは日本経済の復活を知っている

第一章　経済学二〇〇年の常識を無視する国

第二章　日銀と財務省のための経済政策

第三章　天才経済学者たちが語る日本経済

第四章 それでも経済学は日本を救う

第五章　二月一四日の衝撃

第六章　増税前に絶対必要な政策

第七章 「官報複合体」の罠

序章　教え子、日銀総裁への公開書簡

白川方明という名の優秀な学生

経済学者として長い間、教鞭をとってきた私だが、学生に「大学院に進んでみないか」と声をかけることは少ない。本人に能力がなければ、あとから、本人にとっても、指導する側にとっても、たいへんになるだけだからだ。いまでは就職難のため、あるいはモラトリアム期間の延長のために大学院へ進む学生も珍しくないが、私は決して勧めようとは思わない。

そんななかで数少ない例外の一人が、白川方明《しらかわまさあき》氏だった。そう、日本銀行総裁を務めた人物である。

白川氏に初めて会ったのは、一九七〇年のことだ。私が東京大学経済学部で教鞭をとっていた時代。その聡明さには、たいへんな感銘を受けた。

経済学者には、数理的な能力と、そこで得た洞察を政策問題に適用して考える能力が必要だ。白川氏には、その二つが兼ね備わっていた。論理的な構想力、つまり論理とその背景を精密につかむ力にも、目を見張るものがあった。そして、真面目で努力家でもあった。一九七二年、私が館龍一郎《たちりゅういちろう》先生（東京大学名誉教授、青山学院大学名誉教授、二〇一二年二月逝去）と『金融』を岩波書店から出版した際には、校正や事実関係のチェックを白川氏にお願いしたこともある。

一九八五年、私がシカゴ大学を客員教授として訪れた際にも、白川氏の存在は語り草だった。彼は日本銀行に入行後、シカゴ大学に大学院生として留学していたのだ。

「シラカワはよくできた。学問を続けてほしかった」

後にイスラエル銀行の総裁となるジェーコブ・フランケル教授は、そう残念そうに語っていたものだ。

だから、私は白川氏が日銀総裁となったとき、心から喜んだ。「これで、真っ当な経済論理に則した金融政策が発動されるだろう」と考えた。長い間日銀の調査研究畑のリーダーとして、銀行内で支配的だった企画畑出身者と奮闘してきた鈴木淑夫《すずきよしお》氏は、「初めて調査畑から総裁が出た。きちんとした理論、数字の裏づけをもって、外国語で世界のリーダーと対等に話ができる総裁が出たことは画期的なことなのです」と語ってくれた。私も白川総裁誕生のとき、まさにそう思った。

しかし、実際には……。

白川氏には、何度となく落胆させられた。彼は出世への道を進むと同時に、世界でも異端というべき「日銀流理論」にすっかり染まっていってしまったのだろう。

「日銀流理論」とは何か？　畏友《いゆう》の早稲田大学若田部昌澄《わかたべまさずみ》教授が二〇〇八年に書いた

原稿から引用しよう。

〈私のみるところ、それは「一連の限定句」、平たくいうと「できない集」である。つまり、原則として日銀は民間の資金需要に対して資金を供給しているので物価の決定についても限定的であり、とりうる政策手段も限定的であり、政府との協調関係も限定的であるべきというものである。たとえば長期国債の購入によって貨幣供給量を増やすということは、それが財政政策の領分に入るので禁じ手であるとされる〉(「PHPビジネスオンライン衆知」)

なぜ、白川氏は「日銀流理論」に染まってしまったのだろうか。組織のなかで生きると、無意識のうちにそうなってしまうのか。いや、むしろそうしなければ、彼が総裁になることは不可能だったのかもしれない……。

日銀という組織で生きるため、日銀の昔からの政策観やしきたりに無理に合わせようとしてきたのではないか。あるいは、経済学の学習者として経済論理をつかむ力と、事態に応じて臨機応変に、しかも自分の責任のもとで国民のために経済政策を司《つかさど》る力には違いがある、と考えることでしか、彼の変貌《へんぼう》は理解できない。

公開書簡で送ったメッセージ

白川氏の変貌、その予兆は以前からあった。二〇〇一年、私が内閣府経済社会総合研究所所長という立場で、経済財政諮問会議に陪席していたときのことだ。当時の日銀総裁・速水優《はやみまさる》氏の補佐役として、白川氏は会議に出席していた。当時の役職は、日銀の審議役である。

会議の席で、ゼロ金利解除等、速水総裁の政策に対して疑問を投げかけた私は、白川氏と個人的に会う約束もした。彼が、無謀ともいえる速水総裁の政策に、本音の部分では反対だと思っていたからだ。二人で議論をすれば、互いの理解も深まるのではないかと思われた。

だが、このときすでに白川氏は、「日銀流理論」の信奉者になっていた。議論は噛み合わず、それどころか真っ向から対立した。当時の私の秘書によれば、所長室を出ていく白川氏は顔面蒼白《そうはく》だったという。

なぜ、こうなってしまったのか。あの優秀で実直な学生だった白川氏が、「日銀流理論」に、無謀な政策に、異を唱えないのか。白川氏が総裁になってもなお変わらない日銀に、そして何よりも彼の仕事ぶりに落胆し、日本経済の未来を憂えた私は、公開書簡という形で彼にメッセージを投げかけた。
東洋経済新報社から二〇一〇年に出版された、若田部氏、勝間和代《かつまかずよ》氏（経済評論家）との共著『伝説の教授に学べ！ 本当の経済学がわかる本』に載せたこの書簡で、私は白川氏に向けて以下のように書いている。

〈総裁の政策決定の与える日本経済への影響の大きさ、しかも、それによって国民がこうむる失業等の苦しみなどを考えると、いま申し上げておくことが経済学者としての責務と考えましたので、あえて筆をとった次第です〉

私は、白川氏に対して個人的に含むものは何もない。むしろ、彼の人格は、いままでも高く評価をしている。書簡にも書いたように、私と意見が分かれていることがはっきりしたあとでも、彼は私のために、日本の金融の現状を説明する目的で、日銀スタッフとの昼食研究会を開いてくれた。

のちに問題にならないよう、割り勘にしてくれたのも、彼の気遣いだ。そこで私は、日本銀行の政策の背景について、いろいろと学ぶことができた。彼の態度は、あくまで紳士的だった。だからこそ、私は書簡にこう書いている。

〈私はいままで、貴兄の個人的な聡明さ、誠実さ、謙虚さなどをいっさい疑ったことがありません。しかし、いま重要なのは、いかに論理的に明晰《めいせき》な貴兄が誠実に信じて実行されている政策でも、それが国民生活のためになっていないのではないかということです〉

〈いま起こっている疑問は、「貴兄のように明晰きわまりない頭脳が、どうして『日銀流理論』と呼ばれる理論に帰依《きえ》してしまったのだろう」ということです〉

「日銀流理論」と、世界に通用する一般的な（そして歴史ある）金融論、マクロ経済政策との間には、大きな溝がある。その結果としてもたらされたのは、国民生活の困窮だ。とりわけ高校・大学の新規卒業者の就職率が大きく落ち込んでいることは深刻な問題であった。経済問題は、庶民の生活、その原点から考えていかなくてはならないのだ。

〈若者の就職先がないことは、雇用の不足により単に現在の日本の生産力が失われるだけではありません。希望に満ちて就職市場に入ってきた若者の意欲をそぎ、学習による人的能力の蓄積、発展を阻害します。日本経済の活力がますます失われてゆきます〉

〈日本銀行は、金融政策というこれらの課題に十分立ち向かうことのできる政策手段を持っているのです。日本銀行はそれを認めようとせず、使える薬を国民に与えないで、日本銀行が国民と産業界を苦しめていることを自覚していただきたいと思います〉

送り返されてきた本

この公開書簡のなかで、私は総裁を「歌を忘れたカナリヤ」だと記した。金融システム安定化や信用秩序維持だけに腐心し、もうひとつの重要な任務であるマクロ経済政策を忘れてしまっていると思えたからだ。

〈白川君、忘れた「歌」を思い出してください。お願いです〉

私は公開書簡を、一国の中央銀行総裁には失礼な呼びかけでそう締めくくった。思わずそう書いてしまったというべきか。まさに「お願い」……懇願に近い気持ちだった。

彼を「歌を忘れたカナリヤ」にたとえたのには理由がある。「金融は効かない」というのが日銀の基本的なスタンスだが、以前の白川氏はそうではなかったからだ。

白川氏はシカゴ大学に留学したのち、同大学のハリー・ジョンソン教授が主張する「国際収支の不均衡は貨幣市場の不均衡によってもたらされ、調整は金融政策が有効である」とする説を日本に持ち帰り、為替変動などの経済現象に対しては日本銀行の金融政策が有効なのだという論文も書いている。そしてこの論文は、いまでも日銀のホームページで閲覧できる。

ちなみに、この「国際収支の貨幣的接近」は、それより数年前、私の研究が海外に知られるきっかけとなった論文の基礎ともなっている。

だからこそ私は白川氏に期待したし、総裁としての政策に不満を抱かざるをえなかった。公開書簡というメッセージが届いてほしいと、切に願った。

しかし、メッセージは届くことがなかった……。

私は公開書簡が収録された著書を、総裁と日銀審議委員各氏に献本したのだが、白川氏からは「自分で買います」との返書をつけて送り返されてきた。私が投げかけたメッセージに応えるどころか、受け止めてさえもらえなかったのである。

これではいけない。国民のためには、このままではいけない。そんな思いは、さらに募った。とはいえ、白川氏や日銀に何かを投げかけても効果はないことも思い知らされた。そのことが、私が本書を執筆しようと決意した理由の一つでもある。

これは師弟関係がどうであるとか、弟子が師に反抗するといった次元の話ではない。新しく、より正しい理論で教師に反抗するのはよくあること。これはむしろ健全なことだと、教師として私は学生に奨励してきた（霞が関の各省で、「浜田ゼミの卒業生は生意気だ」といわれたのも、そのような理由によるのであろう）。

ただし、正統的な金融理論から日銀理論への回帰は、経済学発展の流れからすると逆噴射である。最も困るのは、それが生産設備の稼働率低下や失業、そして倒産を生む、国民を苦しめる方向への退歩でもあるからだ。

日銀やその総裁に対してではなく、自分のメッセージが届く範囲を広げなければいけない。私が一生かかって研究してきた成果を、一般の人々にこそ知ってほしい。そのためにあるのが、本書なのだ。

バレンタインデーの衝撃

一九九八年に新日本銀行法が施行されて以降、次章でも示すように、日本経済は世界各国のなかでほとんど最悪といっていいマクロ経済のパフォーマンスを続けてきた。

主な原因は、日本銀行の金融政策が、過去一五年あまり、デフレや超円高をもたらすような緊縮政策を続けてきたからだ。

さすがに、近年の円高や不況に対する国民と政治からの批判に耐え切れなかったのだろう。加えてアメリカ連邦準備制度理事会（ＦＲＢ）がインフレ目標（ないしゴール）を決断したこともあり、二〇一二年二月一四日、バレンタインデーに、日銀は一パーセントのインフレを「目途《めど》」とする政策に踏み切った。

ＦＲＢのインフレ・ゴール設定を受け、日銀によってとられた政策は、その英訳を見れば分かるとおり、インフレ「ゴール」の設定に他ならない。「目途」はゴールや目的と違うといった詭弁《きべん》的な議論は日銀の得意とするところだが、読者は巻き込まれなくてもいい。

中途半端なのは、目標値が二パーセントでなく一パーセントだというところだ。これではバレンタインデーの「ギフト」というより、「義理チョコ」だというのが第一印象だった。それが半年たって、チョコレートをあげると見せかけただけだったことを痛感した。

国民生活に多大な苦しみをもたらしているのは、デフレと円高であった。デフレは、円という通貨の財に対する相対価格、円高は、外国通貨に対する相対価格——つまり貨幣的な問題なのである。

したがって、それはもっぱら金融政策で解消できるものであり、また金融政策で対処するのが日本銀行の責務である。

先述したように、私は日銀総裁である白川氏に、総裁自身が以前論文に書いていた正しい経済学に帰ってくれ、正しい歌を歌ってくれと懇願した。が、二〇一二年二月の政策変更に至るまで、それは聞き入れられなかった。

日本経済にも詳しいハーバード大のデール・ジョルゲンソン教授は、日本銀行が新たな政策を発表するたびに、「コーイチ、今度の政策にお前は合格点を与えるか?」と問いただしてくる。

それまでの私は、「ノー、少なすぎる、遅すぎる」と答えるしかなかった。しかし、二〇一二年のバレンタインデーには、「日銀理論を捨てかねる」という総裁の海外講演等に疑念は残るものの、とにかく日銀が標準的な経済学の地平に歩み出したかのように見えた。

一パーセントという「小声」で、しかもためらいながらではあっても、日銀はバレンタインデーには正しい歌を歌った。国民をデフレの淵まで連れて行こうとしていた日銀が、ともかく自らの行動で、方向転換の兆《きざ》しを示したことは喜びたいと思ったのだ。

論より証拠というべきか、正しい歌の効果はすぐに現れた（「そのときは」と、ただし書きをつけなければいけないのだが）。

日銀の新政策によって、日経株価指数は一時的にせよ一万円を上回った。円安も一ドル八〇円を超えて進んだ。日銀自身が主張し、多くのエコノミストや学者たちが主張していた「金融政策は効かない」という見解が、明白に反証されたのである。

金融緩和は、ただ量だけで効くのではない。このときのように、「期待」を通じての効果が大きいのである。

繰り返して強調したい。過去数年間、さまざまな経済要因のなかで、それがたとえ中途半端なものであったとしても、二〇一二年二月のインフレ・ゴール宣言以外、ここまで株価や為替レートに影響を与えたものがあっただろうか？

日銀が何度、否定しようとも、インフレ・ゴールと買いオペ（中央銀行が市場から有価証券を買い入れ、通貨を放出すること。市場にある通貨が増加するため金融を緩和し、金利を引き下げる効果がある）に対する積極的姿勢の表明は、株価、為替レートに対して明白に効くのだ。そのことが、市場によって如実《にょじつ》に示された。

またこれは、国際金融論の最初の一時間目に学部生に対して教えることでもある。もっとも、日本銀行のある高官は、貨幣供給の増加の予想が株高をもたらすという理論の基本さえ理解していないか、理解しようともしなかったのだが……。

金融緩和の必要性からのがれるために

日本経済が長期成長の経路を堅実に歩むためには、たしかに人口成長率や生産性上昇率を高めることが必要だ。政府の構造改革も必要だろう。しかしそのような変化は、一朝一夕には達成できない。

現在、日本に必要なのは、成長の潜在経路からはるかに下のところで日本経済が運営されている現状を、すぐに改めることなのだ。

このためには、二〇一二年二月一四日に示されたような勇気ある金融政策が即効性を持つ。この政策変更がなぜこれだけ効いたように見えたかといえば、経済に対する量の変化だけでなく、「予想」に働きかけたからだ。

　この政策の組み合わせは、予想と期待に対して働きかけ、インフレ率や円レートを通じて、成長力以下の経済運営の指標である失業や倒産に直接、働きかけることができる。ともあれ、日銀は行動としては正しい方向に舵《かじ》を切ったように見えたのである。

　しかし、これが日銀の本心なのかについては疑念が残らないでもなかった。不安要因を見出《みいだ》すとすれば、それは白川総裁の意識のなかにあった。状況を天岩戸《あまのいわと》神話にたとえれば、岩戸がかすかに（一パーセントだけ）開かれたところだ。世間は初めて、金融政策が、株価にも円高にも効く薬だということがわかった。

　下界の人々は日の光を喜んでいる。これは、打ち出の小槌《こづち》のように何度使ってもいい政策だ。インフレが始まる前に止《や》めさえすればいいのである。一九六〇年代以降の日本経済が高度成長を謳歌《おうか》していたときも、日本経済はデフレだったことはほとんどなく、三〜四パーセントのインフレがともなっていた。世界経済の奇跡といわれる日本の高度成長は、緩やかなインフレとともに達成されたのである。

　私がなぜ不安かといえば、白川氏は、国内講演、談話、そしてＦＲＢでの講演のなかで、「太陽である私が顔を出しても世の中は明るくならない」とでもいいたげな言葉を繰り返したからだ。そこでは低金利が企業の脆弱《ぜいじゃく》さを招くという理論を繰り返していたのだが、日本の現状では名目金利（インフレ率を考慮せずに表示する金利）が低いことと実質金利（名目金利から予想インフレ率を引いて導き出す金利）が高いことが混同されている。

シカゴ大では、まず経済の名目量と実質量の混同を戒《いまし》めると聞いているが、秀才であるはずの白川総裁は、長い日銀での生活のなかで、大学院教育すら忘れてしまったのだろうか……。

「新しい政策は政治的配慮によるものではない」といいながら、「金融政策はデフレ解消に効くとは限らない」という世界孤高の「日銀流理論」もちらつく。

人口はデフレの要因なのか

日銀は「人口がデフレの要因である」ことも主張したいらしい。ところが、人口をデフレに結びつけるのは、理論的にも実証的にも根拠のないものだ。もちろん人口は成長の要因にはなるが、実質生産に、人口あるいは生産年齢人口が影響するのは当たり前のことである。

しかし、貨幣的現象である物価、あるいはデフレに人口が効くというのは、経済の解剖学すなわち「国民所得会計」から見ても、生理学すなわち「金融論」から見ても、まったく的外《まとはず》れな議論だ。医学の発達した社会で、床屋での素人《しろうと》談義で患者の診断と治療法を決めようとしているのが日銀の姿なのだ。

日銀が国際会議等で示す研究成果もレベルが低い。統計学の講義のいちばん初めに注意されることだが、偶然グラフに数字が都合よく出てきて、あたかも関係があるように見える、「見せ掛けの相関」を使ったりする。

たとえば嘉悦《かえつ》大学教授の髙橋洋一《たかはしよういち》氏が指摘しているように、三三ヵ国のうちから都合のよい二四ヵ国だけを選ぶという、統計学上における一種のカンニングを行ったりしている。経済の「治療」に当たる医者がやるようなことではないだろう。

二〇一二年五月には、国際会議「人口動態の変化とマクロ経済パフォーマンス」を開催。ここでも日銀は、できそこないの学生レポートのような統計を世界の学者に討議させている。総裁挨拶での、「人口動態とデフレというと、一瞬、その論理的関係が理解しにくいかもしれませんが」という言葉は、一瞬どころか何万年考えても意味をなさない。

人口構成がマクロ経済に関係があるのはもちろんだが、現在の経済学では、デフレの原因とは決して結びつけることはできない。ここにも、総裁の主著『現代の金融政策』（日本経済新聞社）の各所に見られるように、日本銀行の都合で経済学を書き換えてしまう一例がある。

このようなまやかしの手法を使った日銀正当化のために、果たして国税を使って国際会議など開催して良いものだろうか。

要するに日銀は、「金融緩和を充分にしない」という追及からのがれるため、貨幣量でなく、人口構成がデフレの原因だと言い訳しているのだ。

人口構成の問題だけではない。金融拡張しない理由として財政問題を使うのも、言い訳のひとつである。自分の責任である通貨管理のことを通り越して、財務省所管の財政破綻《はたん》を防ぐために、親心で、日銀が所管外の財政破綻を防ぐため努力している、そのため金融政策がおろそかになると言い訳するのだ。

経済学の現状から見ると、ノーベル経済学賞候補としてよく名の挙がる清滝信宏《きよたきのぶひろ》プリンストン大学教授の共同研究が示唆するのは、リーマン・ショック以後、英米の大胆な金融拡大があったからこそ、世界大不況のような破局から人々が救われた公算が大きいということだ。

マクロ経済学の分野において「低金利は企業を脆弱にする」という議論は、実質金利と名目金利を無視している。シカゴ大学では一年目に厳しく注意される誤りだ。それだけでなく、か弱い企業はみな淘汰《とうた》し、失業ものともしないという、大恐慌時代の井上準之助《いのうえじゅんのすけ》蔵相の「清算主義」を思わせる。

「良い日銀」と「悪い日銀」

バレンタインデーの政策変更で、いったんは正統的な政策に戻ったように見えた日銀だが、それはいやいや行ったのではないかという不安もあった。「バレンタインデー緩和」は、私にとっては「良い日銀」であったが、総裁の談話などを聞いて、「悪い日銀」がまだ隠れているのではないかとも思えたのだ。

案《あん》の定《じょう》、何ヵ月か経つと、私が「良い日銀」の看板にだまされていたことが分かってきた。「バレンタインデー緩和」が有効だったのは、それがうまく期待に働きかけたからに他ならない。しかし、期待効果が有効に働くには、期待がもっともらしい、信頼できるものでなくてはならない。

総裁談話や講演の内容は、「金融緩和を外国もやっているし、国内の批判も激しいので、仕方なく宣言していますが、実はデフレ脱却には効かないのです」といわんばかりのもの。そして実際、バレンタインデーのあと約半年の間、日銀政策審議委員会は、買い入れ資産の五兆円増額を除いては、なんら金融緩和の具体的、あるいは数量

図表1　マネタリー・ベース前年比の推移

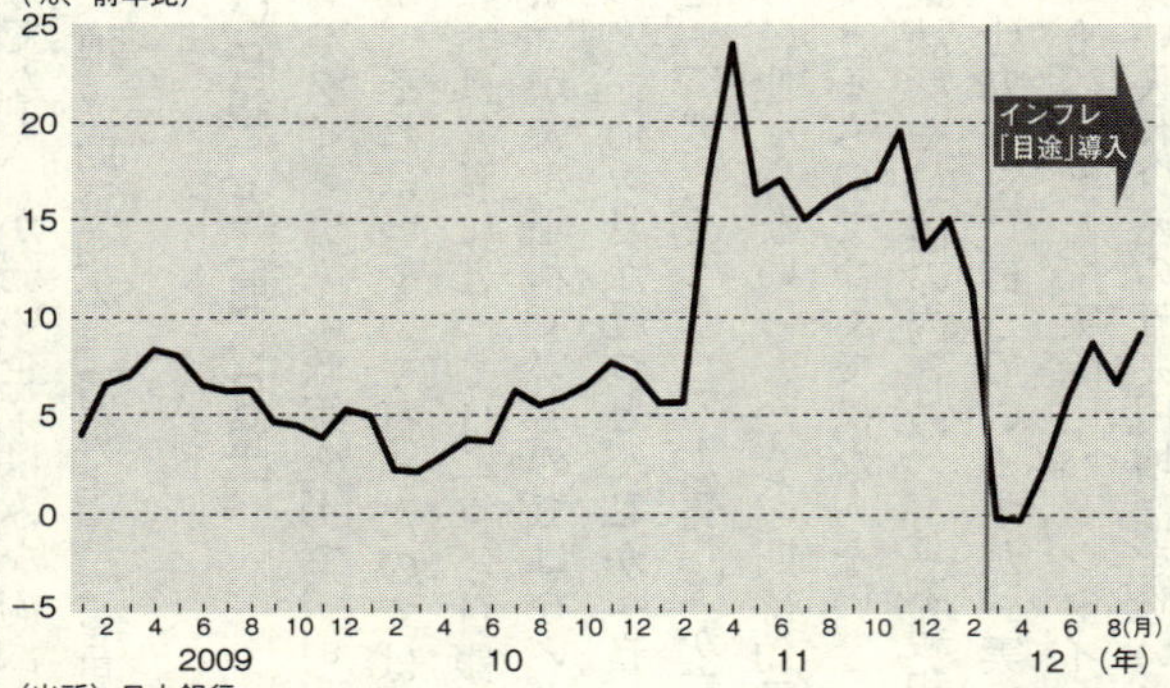

(出所) 日本銀行

的な後押しをしなかった(図表1参照)。

期待が効くとはいっても、それが信憑《しんぴょう》性のあるものでなければ有効ではない。七月、八月になって、マネー・サプライにやや増加傾向が見られたほかは、信憑性を裏打ちするものはほとんどなかった。

すなわち、バレンタインにチョコレートをあげますという国民への宣言は、「将来新たな資産買い入れを一〇兆円積みます」ということではあっても、「いつ、どれだけの資産を買います」とはコミットしていないのである。目的であったはずのデフレがまったく解消せず、円も一ドル七〇円台の後半に戻ってしまったのが何よりの証拠だ。

ちなみに「バレンタインデー緩和」から

数ヵ月経ったとき、私は安倍プロジェクトの聞き取り調査の一環で、東大退官目前の三輪芳朗《みわよしろう》教授にインタビューした。氏は引っ越し準備中に時間を割《さ》いてくれて、金融に関するマスコミの無理解を憂える私と大いに意気投合した。

すると、白川氏と親しい三輪氏も、「約束だけしても真水の貨幣を出さないのでは、緩和の効果はない」と見抜いていた。

インフレ目標に達しない中央銀行総裁は

では、日本の金融緩和は他国といかに違うものなのか。ここでは、三菱UFJリサーチ&コンサルティング主任研究員の片岡剛士《かたおかごうし》氏の解説を参考にしながら、最近の日米の金融緩和を比較してみよう。

二〇一二年九月のFRBの会合では、失業率の改善を促進しようと、住宅ローン担保証券（MBS）を月間四〇〇億ドル増額することが決まった。これが「QE3」として知られているものだ。

日米で違うのは、まず金額の差である。四〇〇億ドルは三兆円ほど。日米の経済規模を考慮して日本のケースに当てはめると、毎月一・五兆円ほどの資産買い上げをすることになる。一方、日銀の買い上げは、二〇一二年の額をならすと、毎月八三〇〇億円に過ぎない。

さらに問題なのは、FRBは毎月の買い上げを宣言しているのに、日銀は一年間で買い上げできる資産の規模を示しているに過ぎないことだ。金融政策はすぐに発動でき、直ちに市場に行きわたるという即効性が特徴である。なのに、それを無視して、来年のことを語ろうとする作戦のようだ。

おそらく、岩田規久男氏のいう「デフレの番人」に徹するため時間を稼ごうということなのだろう。バレンタインデーには、インフレの「目途」という期待を与えて株や円に好影響を与えた日銀が、その約束を果たす実際上の金融政策を、図表1が示すように、量ではほとんど示していない。

このことからも、インフレ目標の存在がなぜ重要なのかが分かる。ニュージーランドのように、インフレ目標に達しないと中央銀行総裁が責任をとらねばならない国もある。

そうでなくても、インフレ「目標」が存在すれば、総裁は国会その他で説明責任を負い、激しい質問に答えなければならない。そう説明すれば、読者のみなさんも、なぜ日銀が「目途」というあいまいな言葉を守るために奮闘していたかが分かるであろう。

私は二〇一二年二月一四日の日銀決定を見て、日銀が改心した可能性があると思っていた。ところが片岡剛士氏に指摘され、九月の日銀の新決定をFRBの決定と比較してみた。すると、日銀の諸決定は、金融緩和を装いながら、約束だけしてなんら実行を伴わない、あるいは実行を徹底的に先延ばしにする、いってみれば批判逃れの政策に過ぎないことが分かった。

「良い日銀」であるかのように見える看板は見せかけだった。私がだまされたのだから、他にもだまされた人は多いに違いない。

「バレンタインデー緩和」は、日銀が市場の期待に働きかけようとした新機軸だった。しかし、実際の貨幣供給、そのもととなる資産の買い上げのフォローアップを、その後ほとんどしなかった。実際にはチョコレートを配らなかったわけだから、これでは義理チョコ以下、いわば空手形だ。

そのため、九月一三日、アメリカの「QE3」の決定に合わせて、一九日に日銀が緩和を宣言しても、株価、円レートに対する影響はきわめて弱いものとなってしまった。FRBの行動にやむを得ず追従しながら、日本だけでなく世界に向けて「金融政策でデフレは解消しません」と講演して回った総裁のおかげで、効くはずの緩和政策も効かなくなってしまったのである。

日銀の意識に「庶民の生活」はない

毎日のように通勤電車を止めた飛び込み自殺。その一部は明らかに経済的要因で説明できる。しかし、日銀政策委員会を傍聴した人によれば、日本銀行には、金融政策が、失業、倒産、そして自殺を増やすという形で庶民の生活に密着しているという意識がないらしい。

円高政策は弱い企業をいじめる政策である。経済の空洞化を推し進める政策であるのはもちろん、地方切り捨ての政策でもある。空洞化の流れで、企業が外国に工場を移転しても、東京のヘッド・クォーターは残る。結果、工場があった地方は疲弊《ひへい》する。東京は超円高に耐えられても、地方はそうはいかないのである。そう考えれば「大阪維新の会」の支持者が多かったのもうなずける話だ。

これらのメカニズムに気づかない、あるいは気づいても黙っている学者、報道しないマスコミも同罪といっていい。二〇世紀初頭にかけて足尾《あしお》銅山の鉱害と戦った田中《たなか》正造《しょうぞう》が議会で質問したように、「亡國に至るを知らざれば之れ卽《すなわ》ち亡國の儀」なのである。

また、イギリスの詩人ロバート・ブラウニングは、「知らないことは言い訳にならない。それじたいが罪なのである」といっている。数学者の藤原正彦《ふじわらまさひこ》氏は「週刊新潮」（二〇一二年二月一六日号）の連載「管見妄語《かんけんもうご》」において、ここまで私が書いてきたことを、実に簡潔に、以下のように表現している（それまでお会いしたことはなかったが、私は『若き数学者のアメリカ』などで、数学者の夢と青春を鮮やかに描いた藤原氏の隠れたファンであった）。

〈しかし今もっとも責められるべきは、財務省や財界や政府と言うより日銀であろう。デフレ不況を十数年も放置してきた責任の大半は日銀にあるのだ。リーマン危機以来、アメリカは通貨供給量を三倍に増やすなど米英中韓その他主要国の中央銀行は猛然と紙幣を刷り景気を刺激した。日銀は微増させただけで静観を決めこんでいる。ここ三年間で円がドル、ユーロ、ウォンなどに対し三割から四割も高くなったのは主にこのせいだ。今すべきことは、日銀が数十兆円の札を刷り国債を買い、政府がその金で震災復興など公共投資を大々的に行い名目成長率を上げることだ。札が増えるから円安にもなる。工場の海外移転にも歯止めがかかる。ここ十四年間、経済的困窮による自殺者が毎年一万人も出ている。日銀は動かない〉

経済学の専門家でない藤原氏に分かることが、どうしてエコノミスト、学者、政治家、マスコミには分からないのであろうか？　日銀はこれから何をすべきで、これまで何を間違えたのか。そして、学者、エコノミスト、政治家、マスコミは、それをなぜ温存してきたのか。これを詳細に検証することで、日本経済の未来が見えてくるはずだ。

いや、アメリカをはじめとする世界の経済学者たちには、すでにそれが見えている。日本経済の復活を知っているのだ。

第一章　経済学二〇〇年の常識を無視する国

閣僚たちは「ヤブ医者」の群れ

二〇一一年一月、日本に一時帰国した際のことだ。サンフランシスコからの東京便に着席すると、機内で日本の新聞が配られた。ここに掲載されていたのは、当時の新内閣（菅直人《かんなおと》首相）の閣僚名簿だった。

一言でいえば、驚愕《きょうがく》だった。さらにいえば、おそろしく落胆させられた。

このときの心境は、ウェブサイト「現代ビジネス」における嘉悦大学教授の髙橋洋一氏との対談でも話したのだが、本書にも記しておきたい。日本の政治に対する私の思いが凝縮されているからだ。

「デフレ不況で悩んでいる日本経済を治療しようとする医者たるべき閣僚に、よくもこれだけ『ヤブ医者』を揃えたなという感じがしましてね。びっくりしました」

家内からは「人前で友人を失うようなことはいわないで」と釘を刺されていたが、国民の将来を考えると、いうべきことはいわずにはいられなかった。日本経済と日本国民のこれからを考えると、この組閣には暗澹《あんたん》たる気持ちにさせられた。そして、のちに振り返ってみても、私の恐れはほぼ的中してしまったのである。

閣僚は、医者であるはずなのに、経済体系の解剖学、すなわち髙橋洋一氏の強調するバランスシートの基本が分かっていない人たちばかりだった。経済がどのようなメカニズムで動くのかという生理学にいたっては、ほとんどの閣僚が無知もしくは誤解していた。

生理学とは、たとえば「デフレに一番効くのは金融緩和である」という、大学一年生の経済学の教科書にも載っている基本原理だ。どんな経済政策で働きかけると、経済のどの部分にどう波及していくのかを理解しないで、日本経済という大船の舵《かじ》をとろうという閣僚たち……。本人たちから見れば最強の内閣なのだろうが、国民にとっては、いつ座礁《ざしょう》させられるか分からない恐ろしい内閣だった。

具体的な名前は、髙橋氏が対談で挙げてくれたが、私もこうした閣僚は日本経済を誤らせるものと考えているから、ここでも記しておきたい。

まず、藤井裕久《ふじいひろひさ》氏である。このとき官房副長官となった藤井氏は、「円高は日本にとっていいことだ」と言い続けてきた元大蔵官僚だ。政治家として大蔵大臣、財務大臣も経験しているが、ずっと円高論者だった。

経済財政担当大臣の与謝野《よさの》馨《かおる》氏も、「円高がいい」「デフレでいい」という持論の持ち主。円高デフレの際にも財政金融政策を使わなくていいという、これから説明するような世界の経済学の常識に真っ向から反する理解と政策を掲げてきた。

いってみれば、目の前に重篤《じゅうとく》な患者が横たわり、しかも自分がその病気を治すための薬を持っているのに、「薬は使うな」と指示しているようなものである。

これは、日銀とまったく同じスタンスである。

デフレや円高のようなとき、すなわち通貨の価値が高すぎて困っている場合には、通貨を増やすのが、古今東西を通じて有効な処方箋《しょほうせん》。これは現代経済学の常識である。しかし日銀は、「金融緩和は効きません」と言い続ける。これは、胃が痛いといってきた患者に対して、その病院にしかない特効薬を医局の都合で出さず、呼吸器（財政）や循環器（産業政策）の専門医に行けといっているようなものである。

もちろん、私は日銀や政府の政策担当者に個人的な恨みなどない。私が東京大学時代や、イェール大学で教えたり、指導したりした人、共同研究者だった人が、日銀、財務省、経済産業省などにはたくさんいる。重要な地位にいる人も多い。みな、いまでも親しい友人だ。「人は憎まず、されど政策の結果（＝罪）を憎む」ということだけなのである。

菅首相の狂気「増税すれば経済成長する」

大臣たちだけではない。菅直人首相は、信じられないことに、「増税すれば経済成長する」と語った。「利上げすれば景気が回復する」といったのは枝野幸男《えだのゆきお》官房長官だ。

「もう笑うしかない――そんな髙橋氏の言葉に、私もうなずくしかなかった。

新聞の政治面によると、永田町では与謝野氏の政治信条（かつて民主党の政策を批判していたが、のちに民主党内閣に入った）が問題視されていた。だが私にすれば、というよりも日本国民にすれば、それよりもずっと問題なことがあった。

君子が豹変《ひょうへん》したことよりも、内閣の経済政策に関する理解と主張が、現代の常識に則らない、きちんとした「治療」とはかけ離れたものであることのほうが問題なのだ。

新内閣の最も重要なポジションに、まったく間違った、経済の常識からすれば逆の政策をやろうという人たちが就いていた。その周囲も、官房長官をはじめ、みなデフレ派だ。まさに驚くべき布陣だった。昔、私も務めたことのある内閣府の経済社会総合研究所長の座には、金融政策がまったく効かないという仮定でマクロモデルをつくった人物が就いていた……。

髙橋氏は、さらに、「そこにもう一人、加えなければならない人がいます。前の官房長官の仙谷由人《せんごくよしと》代表代行です」と語った。

このとき、民主党の「社会保障と税の抜本改革調査会」の会長に就任した仙谷氏は、「需給ギャップがあっても何もするな」と明言したことのある人物だったのだ……。

無視された経済学二〇〇年の重み

経済学には、二〇〇年あまりの歴史がある。その歴史のなか、さまざまな経済的体験が起こり、それに対して種々雑多な政策の試みがなされ、それを整合的に説明しようと多くの先人たちが日夜、知恵を絞って考えてきた。

経済学の場合、すべてを実験して確かめるわけにはいかない。そのため、先述したような生理学的な側面に関しては、ある程度秩序立てて論理で説明し、数量的テストをしながら、経済メカニズムに対する理解を積み重ねてきた。

そうしたなかで、政策を水力学にたとえて「どこに水を流せばどこに水が流れるか」や、医学にたとえて「この場合はどの薬を使えば熱が下がるのか」といったことについて分かってきた事実も多い。

経済学においては、自然科学のようにパッと予測することは難しい。制御に関しても、まだ曖昧《あいまい》な面がある。とはいえ、さまざまな学者たちが、事実を積み重ねながら考えてきた二〇〇年余の歴史があるのは事実だ。

菅内閣と野田《のだ》内閣では、その現実がまったく無視されてしまったのである。経済学が積み重ねた貴重な歴史を無視するアイディアに取り込まれた人たちを集めて、内閣が形成された。

「まあ見事といえば見事ですね。国民にとっては非常に恐ろしいことですが」

髙橋氏との対談中、そんな皮肉が自然と私の口をついて出た。

そういう状況だっただけに、私は空路で、「こんな内閣の経済政策を議論しに、イエール大学の講義を補講にまでして帰国するのは時間の無駄かもしれない」と、日本に着いたらトンボ返りでアメリカに引き返そうかとも考えた。だが、かつて教わったジェームズ・トービン、フランコ・モディリアーニ（ともにノーベル経済学賞受賞者）といった先生たちの顔を思い浮かべると、そうもいっていられないと感じたのである。

こうした私の師たちは、若い学者が、いわゆる実物的景気循環論にかぶれ、自分たちの考え方を古いというようになっても、自分が正しいと思ったことを一生懸命に訴え続けた。自分が一生かけて獲得した知恵と学問に対して、真面目で真剣だったといえるだろう。それこそが学者の役割なのだ。

そしてリーマン・ショックを経たあと、現実を説明できず政策の役に立たない流行理論（たとえば実物的景気循環論）に、なぜこれら先生方が批判的であったかが納得できるのである。トービンは、金融緩和が実体経済には効かないという同理論の非現実性を、一四行詩（ソネット）までつくって風刺している。

以下で紹介する政策も菅内閣時代のものだが、当時の財務の責任者は野田佳彦《のだよしひこ》氏。つまり後の総理大臣である。野田内閣でも、やはりまったく経済の論理に反する政策が続けられた。

日本政府の空洞化促進政策

二〇一一年、夏休みから研究室に戻ってみると、その日イェール大学で二五年の永年勤続を表彰されるというので晴れ着で出勤してきた秘書のキャシーが、「コーイチ、これを見て」とインターネットのプリントアウトを手渡してきた。キャシーは、特にコンピューター関係のことをよく教えてくれる、注意深い研究補助者である。

「私はいつも経済のことには興味がないけど、今日、日本では重要な決定があったようね」

そこに示されていたのは、菅内閣が八月二四日に発表した「円高対応緊急パッケージ」であった。

一〇〇億ドルとヘッドラインにうたっているように、たしかに対策の規模は大きい。しかしその内容を見て、私は本当に驚いた。これほど経済原理とかけ離れた対策が打ち出されようとは思いもしなかったからである。

緊急パッケージは次のような骨子から成り立っていた。

（一）政府は日本が豊富に持つ外貨準備を使い一〇〇億ドル（約七兆六〇〇〇億円）の基金をつくり、円高で苦しむ企業に対して緊急に低利で融資する。

（二）この基金は、国際協力銀行を通じて融資され、日本企業が行う海外企業や資源の買収を容易にする。

（三）それと同時に（これは罰則を伴わない規定でもあるので以下では議論しないが）、金融機関に外貨での資産残高を報告させる。

これになぜ驚いたかというと、まったく円高対策になっていないからである。円高の原因や、それに対応する政策手段について、大臣はもとより官僚も、国際金融論の初歩的な知識すら持っていなかったに違いない。

さらに数日後、日本の友人から知らされた新内閣の顔ぶれにはもっと驚いた。そのパッケージをつくった大臣、すなわち野田佳彦氏が、こともあろうに首相となり、後任の財務大臣には、経歴から見て財政とは無縁な素人《しろうと》、安住淳《あずみじゅん》氏が就任したからだ。「いままでと同じく、今後も財務官僚の案をオウム返しに述べます」と宣言したようなものである。長年にわたる誤った金融・財政政策によって冷え込んだ日本経済を再建するために、この内閣がいかに「不適材不適所」であるかはいうまでもない。

ここでは野田氏や安住氏にも理解してもらえるよう、円高問題の基本を説明しよう。そうすれば、「円高対応緊急パッケージ」がどうして円高対策にならなかったかを理解していただけると思う。

そもそも為替レートとは、一国の通貨（たとえば円）と他国の通貨（たとえば米ドル）との交換比率である。もし、財の市場を考えて、リンゴがミカンに対して割高になるとしたら、それはリンゴの供給が少ないからか、リンゴの需要が増えたからである。通貨市場でも同様で、たとえば円高が生ずるのは、円資産に対する需要が供給を上回っているからだ。

二〇〇八年秋のリーマン・ショック以降、国内の金融破綻に対抗するため、英米両国は国債以外の資産も大幅に買い上げる非伝統的な通貨政策を行って、通貨供給を増加させた。そのため英ポンドや米ドルの供給が増え、相対的に品薄になった円が市場で高く評価されることになった。それが円高の基本的な要因——簡単な話である。

しかし、この極端な円高が続いたため、ソニー、パナソニック、シャープなど、輸出中心の企業は世界の販路を失い、衰退しつつあった。日本の高度成長を支えた根幹産業の一部が世界の舞台から振り落とされつつあったのである。海外で生産されたユニクロの衣類などと競争しなければならない国内企業も対外競争力を失い、日本全体が不況に苦しみ続けていた。

これら産業では、製品の価格を下げない限り、輸出品の海外での競争、あるいは輸入品との国内での競争に負けてしまう。こうして製品価格の引き下げ競争が起こり、国内のデフレ傾向も助長されたのである。

日本のデフレと円高は、日本銀行が二〇〇六年の量的緩和政策解除以来、一貫してデフレ志向の金融政策を続けた結果だ。これは、国際比較の図を見ても明らかである（次頁の図表2参照）。

図表2が示すように、日銀のデフレ志向の金融政策は、世界の主要国で（インフレを防ぐために為替価値を徐々に上げている中国を除いては）日本だけを通貨高の国とした。そのため実質ＧＤＰの成長経路は、次頁の図表3が示すように、日本を世界の

図表２　先進国の中央銀行のバランスシート

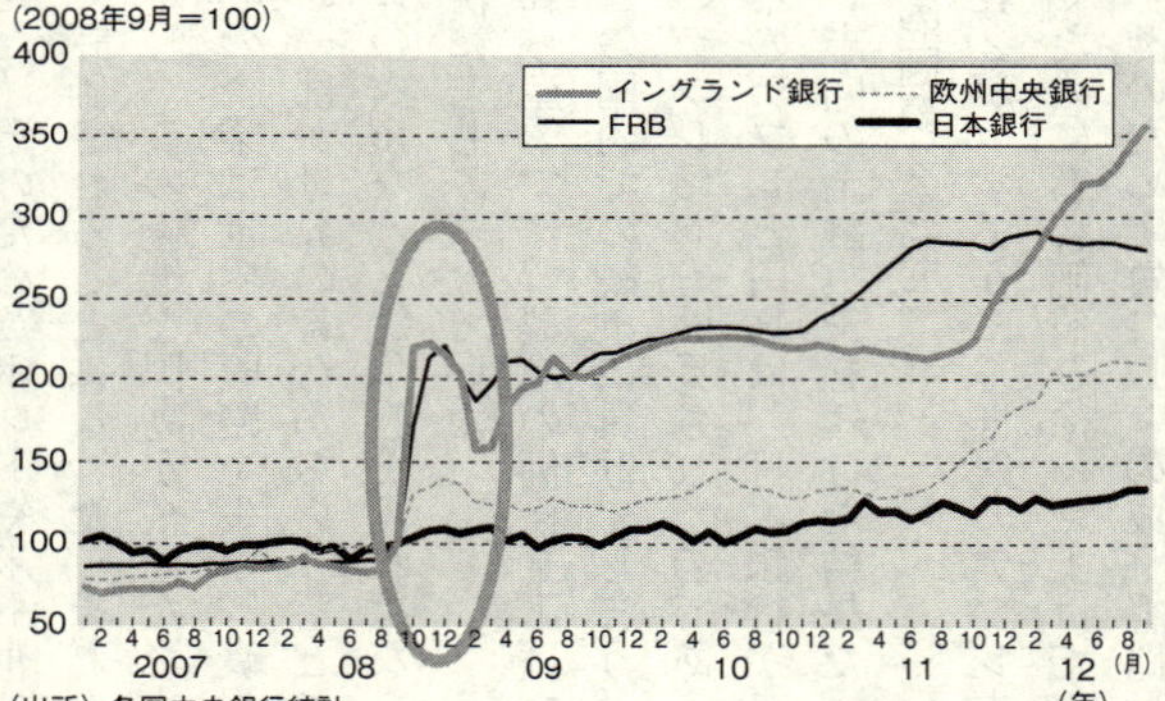

（出所）各国中央銀行統計

図表３　各国実質GDPの推移

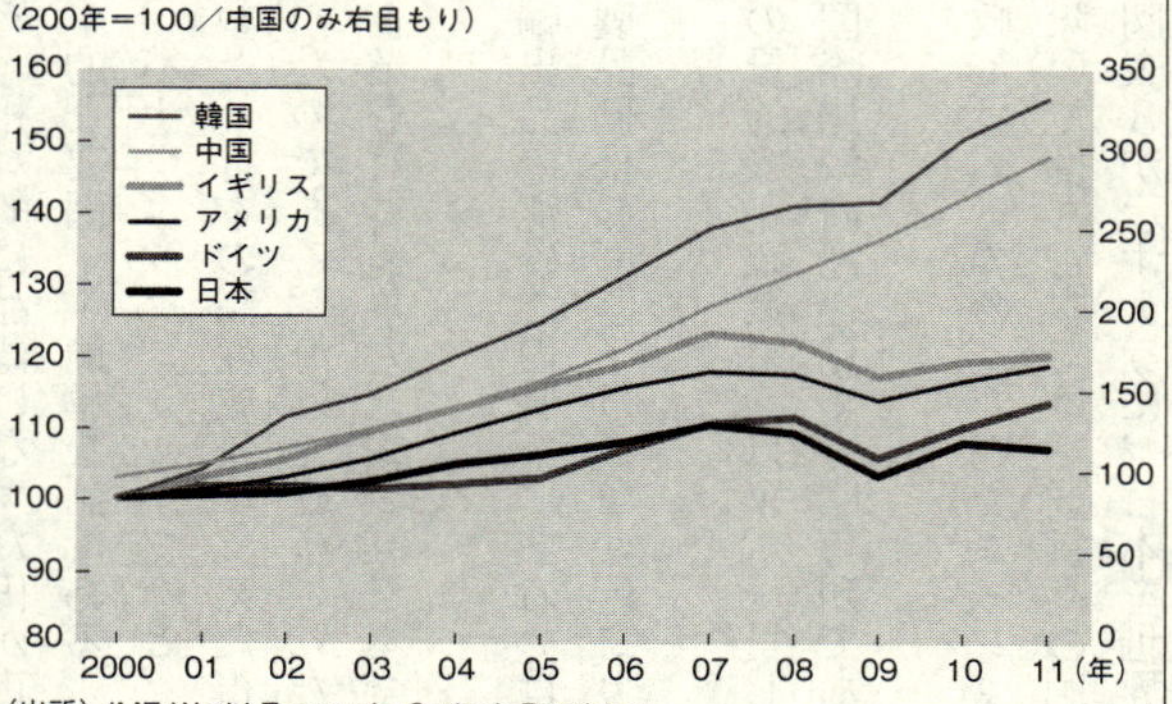

（出所）IMF World Economic Outlook Database

先進国のなかだけでなく、アジア新興国のなかでもテールエンドの国とした。

ここでは掲げないが、経済の活力の指標である株価指数の国際比較を見ても、日本株の低迷は顕著。かつて奇跡の成長を遂げた日出《い》ずる国の凋落《ちょうらく》ぶりは情けなかった。

その傾向が、特にリーマン・ショック以降はなはだしかった。円高とそれに伴うデフレ基調は、大新聞の論調がいうように日本に降りかかってきた災難ではなく、日本が自らの金融政策によって招き寄せたものだったのだ。

唯一の解決策とは何か

この事態から脱するにはどうしたらいいのか。答えは簡単である。円資産が相対的に品薄なため超円高になっているのだから、円資産の供給を増やしてやればいい。

他通貨に対して日本の通貨の価値が上がった円高、財に対する通貨の価値が上がったデフレは、ともに貨幣的な現象だ。リンゴが品薄なら、リンゴの供給を増やせばいいのと同じこと。日本が円通貨を増加させることこそ、円高問題の根本解決につながるのだ。

金融政策なしの円高対策は、ハムレット劇をデンマークの王子なしで演ずるようなもの、骨抜き芝居である。

もちろん円を保有するかドルを保有するかは将来に向けての選択であり、市場に出回る資産の量だけでなく、それらの収益率の差、さらには将来に向けての収益率の期待に影響される。

したがって、円高そのものに直接対処する基本的な政策としては、金融を緩和するだけでは不充分である。つまり、日本銀行が将来に向けて、これまでのデフレ志向の金融政策の姿勢を改めること、これを、はっきりとしたシグナルで示すことが必要になるのだ。

つまり、これまでのように、円高が進行して為替介入が話題になると申し訳程度に金融を緩和するという、米紙「ウォール・ストリート・ジャーナル」の評した「しょぼい」姿勢では、円高は解消しない。

具体的には、自由民主党衆議院議員で元大蔵官僚の山本幸三《やまもとこうぞう》氏が主張するように、相当な金額、たとえば二〇兆円の国債を日本銀行が引き受けるというのが、有効なシグナルの一案だ。

これは財政法の条文、すなわち財政法第五条によって原則として禁止されている日銀の国債直接引き受けかどうか解釈が分かれるところだが、形式論理を使って日銀の都合のいいように主張するのは、国民の福祉をないがしろにした日銀御用学者の議論である。

もし直接引き受けが望ましくないならば、市場に国債を発行したあと、同額を日銀が買い上げると宣言するかたちでもいい。引き受け、ないしは大規模な買い上げを宣言することで、マネタリー・ベース（現金＋金融機関の日銀当座預金残高）が拡張し、量の効果で円高傾向が抑制される。

それだけではない。「将来は、日本銀行も、過去二〇年にわたって産業界と国民に押し付けてきた引き締め政策をやめるだろう」と市場に受けとめられれば、そのことが期待を呼んで、円高に歯止めがかかる。

金融論が専門で、日銀のデフレ志向の金融政策を長年批判し続けたのが学習院大学の岩田規久男《いわたきくお》教授（現・日本銀行副総裁）であった。私は、徹底した貨幣重視の論調を、いわば四面楚歌《しめんそか》のなかで続けてこられた岩田氏の忍耐強い姿勢には、尊敬の念でいっぱいである。日本のミルトン・フリードマンが誰かといえば、間違いなく彼だ。

「法と経済学」でも大きな業績がある。

元財務官僚の高橋洋一氏は、岩田氏の昭和恐慌の研究グループでも活躍したが、その数学科出身の明晰な論理と、官僚体験とを結びつけ、やはり岩田規久男氏や本書の立場に近い。私が必ずしも承知しない官界のからくりについては、氏の書物などから多くのことを学び、本書にも引用させていただいた。

その岩田・高橋の両氏も主張するように、デフレと円高を阻止するには、簡単なことだが、マネタリー・ベースを増加させればいいわけである。それが市中に回るお金の量を増やして円高を阻止し、デフレを和《やわ》らげるだけでなく、将来のインフレ期待にも直接働きかけて、円高を防ぐことになる。

変動相場制のもとでは、基本的に、自国の物価、為替レート、雇用は、金融政策で左右できる。変動相場制のルールのもとでは、各国が自由に金融緩和や為替介入を行えばいいので、協調介入の必要はない。

さらに、金融緩和をすれば、財政再建も比較的容易になる。デフレのまま増税すれば、橋本龍太郎《はしもとりゅうたろう》内閣での消費税増税の二の舞になるだろう。税率を上げても、生産所得の減少から、当初の目的である税収が減少してしまう可能性が強いからである。

デフレの定義――世界の常識は

増税の前にやらなければならないのは、デフレを脱却することだ。では、「デフレ」とはどのような状態のことを指すのだろうか。これが曖昧《あいまい》な場合も実は多い。

定義とは、一定の目的のために定めるもの。デフレの場合も、その目的による。たとえば、食料、衣料、パソコンの三つに限定して考えてみよう。

我々が生活している社会は貨幣経済のもとにあるから、ひとつひとつのものには貨幣で表される価値、つまり値段がある。その値段のうち、あるものは上がり、別のものは下がるという場合には、全体では「物価水準が下がっている」とはいえない。

だが全体、つまり食料も衣料もパソコンも、すべての値段が下がっているとすれば、これは「ものの価値が下がり、貨幣の価値が上がった」状態だ。これがデフレのひとつの捉え方になる。

あるいは、食料の値段だけが上がり、衣料とパソコンの値段が下がったとする。そこで衣料とパソコンの値段の下がり方が食料の値段の上がり方よりも著しいという場合は、これもデフレといえる。

かつて日本の政府は、デフレを「物価水準の下落をともなった景気の低迷」と定義していた。実は私は、日本で「デフレ」がそういう意味で使われているとは知らなかった……世界の経済学の常識では、デフレとは「物価水準が下がっている状態」と定義されるからだ。

日本と世界では定義の仕方が違っていたのである。私がそのことを知ったのは、二〇〇一年に内閣府経済社会総合研究所の所長になってからだった。

ただ二〇〇一年三月からは、日本政府も世界の常識に従い、デフレの定義を変えた。「物価水準が下がっている状態」と、「景気が悪くなって生産が停滞すること」を分けて考えるようになって、議論がしやすくなった。変更の中心を担ったのは、内閣府政策統括官だった岩田一政《いわたかずまさ》氏である。

東大教授を務めたこともある岩田一政氏は、その後、日本銀行副総裁に就任し、さらに内閣府経済社会総合研究所の所長も歴任した。岩田一政氏は、私が経済企画庁に客員として在籍していたときの共同研究者であり、『金融政策と銀行行動』（東洋経済新報社）や、英文の論文の共著者でもある。絶えず経済学のフロンティアをわきまえながら、日銀政策委員会としても、正しい金融の論理に基づいて少数票を投じるたいへん貴重な存在だった。

毛沢東《もうたくとう》の体制内で雌伏《しふく》した鄧小平《とうしょうへい》が最後には中国近代化の牽引車《けんいんしゃ》になったように、岩田一政氏は、体制のなかから改革できる人だと期待している。

本題に戻ると、かつての日本では、デフレの定義そのものが世界の常識と違っていた。そのため、「デフレでも構わない」と考える政治家が出てくることにもなったのだろう。「デフレであっても生産が落ち込んでいない限りは問題がない」というわけだ。

「良いデフレ」はあるのか

また日銀のなかには、「良いデフレ」と「悪いデフレ」を分けて考える者もいるという。

良いデフレとは、物価の下落が景気の悪化をともなわないもの。悪いデフレとは、物価下落が景気の悪化をともなうものだ。「物価の下落」と「景気の停滞」を分けて考えるようになったが、今度はそれを「良い」「悪い」というモノサシで測るようになったのである。

良いデフレの例とされるのが、パソコンである。

パソコンは現在、数年前では考えられないほどに安価になっている。家電量販店に行けば、五万円以下で手に入る場合もあるほどだ。かつては一〇万円以上が当たり前、その前ならさらに高かったのだが、飛躍的に購入しやすくなっている。

だが、それは景気とは関係のないこと。需要収縮が価格低下の原因ではない。パソコンが安くなった理由、それはまず第一に、技術革新と生産性の向上である。

日銀の「良いデフレ」「悪いデフレ」論は、ひとつひとつのものの価格と、経済全体の価格とを、混同している。パソコンの値段が下がったからといって、それが物価全体の下落につながるというわけではない。デフレとは、物価全体が継続的に下がる状態のことをいうからだ。

日本には、このようにデフレを容認する者が数多くいる。日銀にも、政治の世界にも……。

一方、他の国では、後述するリフレ政策までしてデフレを止めても無駄だという学者が、一〇人のうち一人か二人はいるだろう。だが、デフレが良いものだという議論は聞いたことがない。

ところが日本では、ほとんどの学者は日銀の政策を擁護することが多く、一〇人のうち一人か二人だけが「デフレは困る、デフレを止めて緩やかなインフレ気味に経済を導け」と正しいことをいっている状態。金融政策は効かないものだと信じている人間が数年前まで多勢を占めていた。

おそらく、若田部・勝間両氏と私が書いた、『伝説の教授に学べ！』の影響もあって、二〇一一年の日本経済学会員の調査では、半数ぐらいがデフレの弊害《へいがい》と金融政策の重要性を理解し始めたようであるが、ほんの少し前までは、完全に多勢に無勢《ぶぜい》であった。

デフレ下では、「ものの値段が下がり、よりたくさんのものが買えると思っていたら、自分や家族の仕事がなくなってしまった」、あるいは「家の価格が下がってしまい、相対的に住宅ローンの金利負担が重くなってしまった」という事態が起こりうる。まさに日本の現状だ。

そう考えれば、デフレで被害を受けるのが誰なのかが分かる。市井《しせい》で暮らす、名もなき一般の人々である。デフレを容認するのは、庶民の味方ではないことを公言するようなものなのである。

かつて私は、内閣府経済社会総合研究所の所長として、経済財政諮問会議にオブザーバーで参加していた。この諮問会議でも、やはり最初は、デフレを止めるのに消極的な人たちが多数派だった。

あるときには、諮問会議で「デフレのどこが悪いのか」という大合唱になり、許可なしに発言できない私が、せめてもの抗議にと、鞄のジッパーを大きな音を立てて開け閉めしたほどだ。

ただ、これが抗議だと気づいた人はいなかっただろう……。

というのも、諮問会議のメンバーである政治家や実業家、あるいは大学の教授は、安定した職業に就いている。収入が保証されているわけだ。そういう人たちにとっては、デフレはいいことでありうる。

デフレとは、お金の価値が上がることである。それは円の価値が上がることでもあるから、デフレ時には円高傾向になる。安定して高い収入がある人、つまり簡単に海外旅行に行けるような人は、円高をもたらすデフレが、それこそ「良い」ことになる。

だが、日々の暮らしで精一杯という人にとってはどうか。考えるべきはそこではないか（ちなみにアメリカに住み、たまに日本に来る私にとっても、円高は決して良いものとはいえない。日本政府からもらっている年金を除けば、収入はドルでもらい、帰国時の支出は日本円でするわけだから）。

日銀に潰されたエルピーダ

円高はお金持ちだけでなく、輸入企業にとっても得ではないか——そう考える人も多いことだろう。ただ、それは百パーセント正解ではない。

たしかに石油産業のように、ほとんどを輸入に頼っている純然たる輸入産業には、デフレと円高は有利に働く。しかし、そういう分野はむしろ稀《まれ》。多くの産業では、国内製品が輸入製品と競合している状態にある。その場合、当然ながら円高は不利に働く。

海外の企業がライバルとなれば、激しい値下げ競争にさらされる。その典型は衣料の分野である。そこでの円高のマイナスを無視して「輸入企業には円高が有利」とばかりはいっていられない。

「日の丸半導体の没落」として記憶に新しいのは、エルピーダメモリの破綻《はたん》だ。大新聞は、欧州景気や経営の誤算を強調するが、基本的な要因は、経営者の記者会見にあるとおり、円高に尽きる。

リーマン・ショック以降、円はドルに対して三〇パーセントも高くなった。一方、韓国のウォンはドルに対して三〇パーセントも安い。ということは、エルピーダは（というより日本の輸出企業の多くがそうなのだが）、韓国製品との競争において六〇パーセントものハンディを背負うことになったのである。

六〇パーセントものハンディを背負わされては、産業政策や生産性向上の努力では、絶対に太刀打《たちう》ちできない。つまりエルピーダは、円高によって破綻したのだといえる。

円高を放置してきたのは、それを止めることができたにもかかわらず無策だった日銀だ。そう、エルピーダは日銀に潰されたのである。

広義の「買いオペ」を

このようにデフレを放置したまま消費増税を行うのは、日本経済を穴のあいた風船のようにしぼませてしまう政策である。現在の日本に求められているのは、「リフレ政策」である。

リフレ政策とは、デフレからの脱却を目指し、二パーセントあるいは三パーセントという、安定的でゆるやかなインフレ率に戻すための政策のこと。その主な手段が、積極的な金融緩和だ。

このリフレ政策に批判的な学者たちもいる。彼らが主張するのは、「ゼロ金利の状態では、『流動性の罠《わな》』に陥っているため、貨幣の増加はすぐに比例的に物価に影響するわけではない」という点だ。

短期名目金利がゼロないしそれに近い水準になると、将来の債券価格変動による損失のほうが金利収益より大きくなるリスクが増える。そのため誰も債券を持とうとしなくなり、代わりに貨幣を持とうとする。それがケインズが説いた、かの有名な「流動性の罠」である。

つまり、ゼロ金利の状況では、短期国債と貨幣はほぼ同じ条件になってしまう。

「ほぼ同じ」とは、経済学の用語でいえば、「ほぼ完全代替資産」。資産としては、貨幣を持っても短期国債を持っても大きな違いがない、ということだ。

したがってゼロ金利の状況では、日銀が貨幣を増やそうとして短期国債を買っても、人々の経済行動に大きな変化を与えない可能性が出てくる。だからゼロ金利下では、短期国債や残存期間の短い長期国債ではなく、長期国債や民間株式や債券の購入、あるいは外為市場における円売り介入のほうが、デフレを止めるためにはより有効ということになる（ちなみに日銀がもっぱら買っているのは、長期国債といっても残存期間の短い長期国債だ）。

私はこれを、広義の「買いオペ」（中央銀行が銀行から国債などを買うこと。代金が中央銀行から銀行に支払われるため、通貨量が増える）と呼びたい。

ゼロ金利下では貨幣を増やせばデフレは止まるが、その効果は弱くなる。そこで「広義の買いオペを行えば効果はいっそう上がる」と付け加えれば完璧になるのではないか。

実際、たとえば二〇一〇年三月の金融政策会合では、金融機関に短期資金を貸し出す「新型オペ」の規模を拡大することを政策の目玉とした。しかし、このような短期金融市場に働きかけるオペは、理論上あまり効かない。長期金利、円ドルレート、そして物価水準には、あまり影響を与えないのだ。

つまり、あまり効かないことが分かっている薬を処方しておいて、「やっぱりダメじゃないか」とする、日銀がよく使うトリックだったのである。ある新聞は、そんなやり方を、「緩和のジェスチャー」だけをしていると評していた。まさにそのとおりだ。

ゼロ金利下でデフレが止まる条件

理論的には、ゼロ金利下では、短期国債と貨幣が資産としてほぼ同じものになる。そのため、長期国債オペや、株式や社債など他の証券の買いオペのほうが景気対策としては有効だ。

しかし、短期国債が資産として貨幣とほぼ同じになったとしても、まったく同じではない。短期国債で買い物ができるわけではないから、貨幣と同じ流動性を持つわけではないのだ。したがって、厳密にいうと、短期国債オペもまったく効果がないわけではない。

そこで興味深いのは、本多《ほんだ》佑三《ゆうぞう》、黒木《くろき》祥弘《よしひろ》、立花《たちばな》実《みのる》の各氏による研究である。「量的緩和政策——２００１年から２００６年にかけての日本の経験に基づく実証分析」

（「フィナンシャル・レビュー」第九九号掲載）と題されたこの論文は、二〇〇一年三月から二〇〇六年三月までのゼロ金利下での量的緩和政策が、景気回復に有効だったことを示している。

私がそのことを知らないうちに、二〇一〇年二月一六日の衆議院予算委員会では、学者よりも勉強家の山本幸三衆議院議員が白川日銀総裁に、この研究について質問している。

三氏のこの研究では、マネタリー・ベース（現金＋金融機関の日銀当座預金残高）の増加が短期国債オペによるものなのか長期国債オペによるものなのかが区別されていないが、当時のオペの大部分は短期国債および満期間近の長期国債で供給されている。満期間近の長期国債は、事実上の短期国債だ。そう考えると、短期国債オペによる量的緩和ですら、景気回復に着実な効果を持ったことが分かる。

間違いなくいえるのは、日銀当座預金残高の増加は、鉱工業生産にはっきりと影響を及ぼしているということだ。

しかもこの研究では、量的緩和政策が株価の動きを通じて国民経済に影響を及ぼしていることも明らかにされている。これは私の師ジェームズ・トービンが主張した、「貨幣量の変化が経済主体の資産選択を通じて国民経済に影響を与えていく効果」にほかならない。

「貨幣を増やせばデフレは止まる」というのは、ゼロ金利下ですら、充分に正しい真理なのである。

しかも、広義の買いオペ、つまり貨幣を増やすとき諸証券を買うとその効果が拡大することは、FRBのバーナンキ議長の「QE3」における住宅ローン担保証券（MBS）などに対する介入成果が証明している。

広義の「買いオペ」を「包括緩和」と名付けて、実施したのは日本のほうが早い、というのが日銀の自慢だが、その規模はあまりに小さいものだった。そのため、物価、円レート、そして株価には、ほとんど効果が及ばなかったのである。

第二章　日銀と財務省のための経済政策

日銀とFRBのガッツの差

現在の日本では、「資産はあるのに経済が停滞している」ことがしばしば議論される。誰もが貨幣にしがみついているような状況である。

そういう状況では、日銀が貨幣を増やしたとしても、タンス預金が増えるだけで、物価は上がらない、というのが反リフレ派の主張だ。日銀が貨幣と同じような短期国債ばかりを買っている限りは、そういう可能性もある。

それならば、たとえば日銀が資金繰りに困っている中小企業の社債を買うというのも一つの手だろう。タンス預金ではなく、何かに使われる可能性が高い。彼らの投資活動などに資金を供給することになるからだ。

二〇一二年の九月、FRBは、アメリカの弱点である住宅市場で、毎月四〇〇億ドル（約三・三兆円）の規模の住宅ローン担保証券（MBS）を買い上げることを決めた。金融政策をもって資産市場に影響を与えようということだ。

もちろん、日銀が過度に実物経済に介入していくと「副作用」もありうる。日銀がどの企業を救うのかを選ぶことになるから、問題にもなるだろう。しかし、デフレから脱却できない日本経済を救うには、FRBと同じように、ある程度の危険を冒《おか》すがッツも必要なのである。

日銀が貨幣と代替的ではない債券を買うことには大きな効果が期待できる。岩田一政氏もそれを積極的に推奨している。その最たるものが、ドルやユーロ建てなどの外債だ。

「そうやって日銀が資産を買い進めていくと、やがてハイパー・インフレになるのではないか」

そんな批判もある。だが、それに対してはこうだ。

「いろいろ考えても、すぐにハイパー・インフレになることはない。だから心配する必要はない」

そもそもデフレの状態とは、物価が下がっていることである。一方、ハイパー・インフレは、物価上昇率に歯止めがかからなくなること。それは、緩やかなインフレ、駆け足のインフレ等を経て、おもむろにやって来るのだということが分かっている。

マイナスの物価上昇率が無限大のプラスになるには、必ずゼロを通過するのだ。だから、そうなってから考えればいい。そして後で見るように、日本銀行はすばらしいインフレ退治の名手なのだ。

あるいは、いささか極端だが、こういってしまっていいかもしれない。ポール・クルーグマンの言葉である。

「いまはデフレ、そして不況で、洪水のようなものなのに、火事（ハイパー・インフレ）を心配する人が、どこにいるだろうか」

ハイパー・インフレの二つの条件

大不況から立ち上がるとき、ハイパー・インフレは実際に起きるのか。歴史的な見地からの意見を、若田部昌澄教授は『伝説の教授に学べ！』のなかでこう語ってくれた。少し長いが、引用してみよう。

〈1930年代の世界大不況からの回復過程でも、その後にハイパーインフレは起きていません。実際にハイパーインフレが起きるのは、敗戦や革命といった時期です。歴史上おそらく最初のハイパーインフレと言われているのは、フランス革命のときで、貴金属の裏づけのない不換紙幣（アッシニア紙幣）の増発が原因でした。あれほど社会経済的に混乱している時期に、紙幣の増発によって財政支出をまかなえば、ハイパーインフレになるのは確実だと思います〉

たしかに、戦間期のドイツの大インフレも、ナチスの台頭の前の政治不安のときに起こった。若田部教授は、こうもいっている。

〈しかし、大不況のようにモノが余っている、失業者があふれて生産力も余っているときに貨幣を増やしても、多少インフレにはなりましたが、ハイパーインフレにはなりませんでした。現在から見れば、むしろ貨幣の増やし方が少なくて大不況からの回復が遅れたと言ってもよいくらいです〉

〈（日銀が）長期国債を買っていけば、その分だけ財政が一息つける。それからマイルドなインフレになれば、経済全体にはもっと良いことが起きると思います〉

確かに、戦争、内乱、大災害のあとのように、国民生産に大打撃が加わると、ものと貨幣のバランスが崩れてハイパー・インフレになることがある。大戦間のヨーロッパ諸国や現在の途上国にもその例がある。

だが、東日本大震災以後の日本では、逆にデフレ圧力が直らなかった。これは、日銀の出すマネーの量が少な過ぎ、しかもその出し方が下手だったからだ。

戦後日本では、日銀が、迫るインフレの前に金融を引き締めて、うまく抑え込んできた。この点は、大いに褒《ほ》められていい。インフレが始まり、物価が上がる（もしくは上がると予想される）と、金利が上がり始める可能性もある。日銀がそれを不安視しているのはわかる。また反リフレ派の人々は、経済を刺激しインフレ期待が上がることで金利が上がるのを心配する。

しかし、金利は予想インフレ率ほど上がらず、実質金利が下がって経済にプラスの効果がある。このことは、すでに、ノーベル経済学賞受賞者のロバート・マンデルによって証明されている。

チャートで示す日銀無策の弊害

ここで述べたことと日本経済の現状をチャートに示したものが、前章の図表2だ。これらの印象的なチャートを描いてくれたのは、友人である内閣府経済社会総合研究所主任研究官の故・岡《おか》田《だ》靖《やすし》氏である。

日銀の資産はほとんど変動していないが、高名な貨幣経済学者であるマーヴィン・キング率いるイングランド銀行は断固たる行動をとり、資産を劇的に増やした。マネー・サプライを測ることによっても金融政策の強度を判断することはできるが、ユー

図表４　先進国の実質実効為替レート

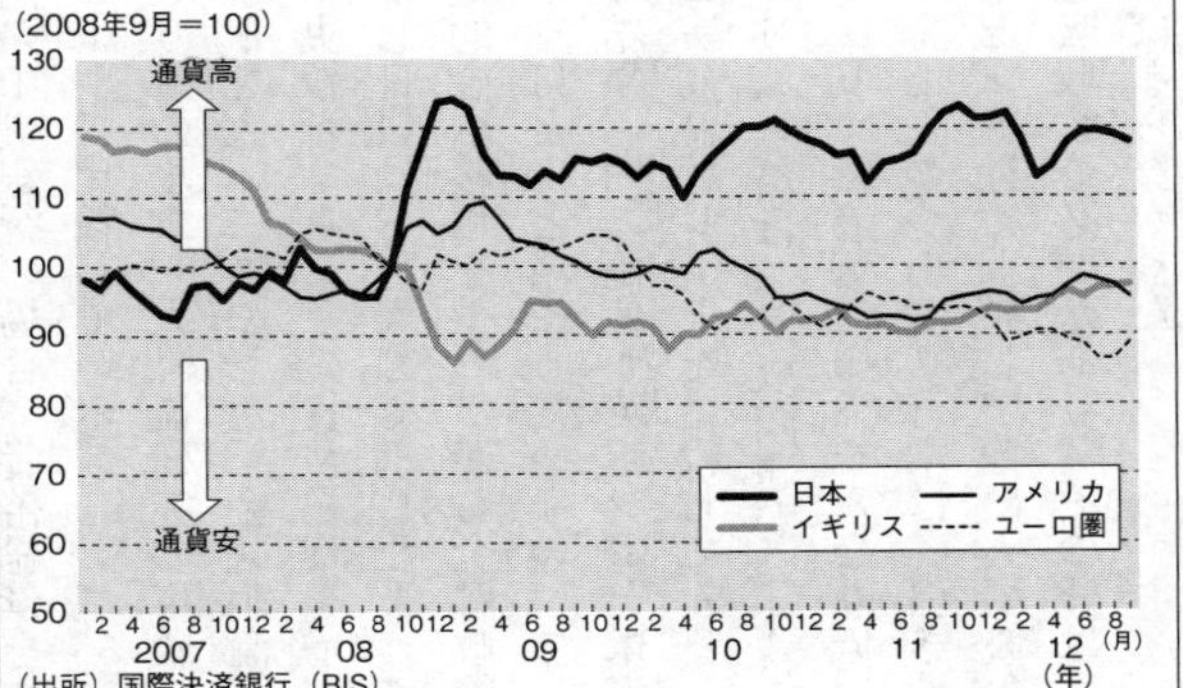

（出所）国際決済銀行（BIS）

図表５　リーマン・ショック前後の鉱工業生産指数

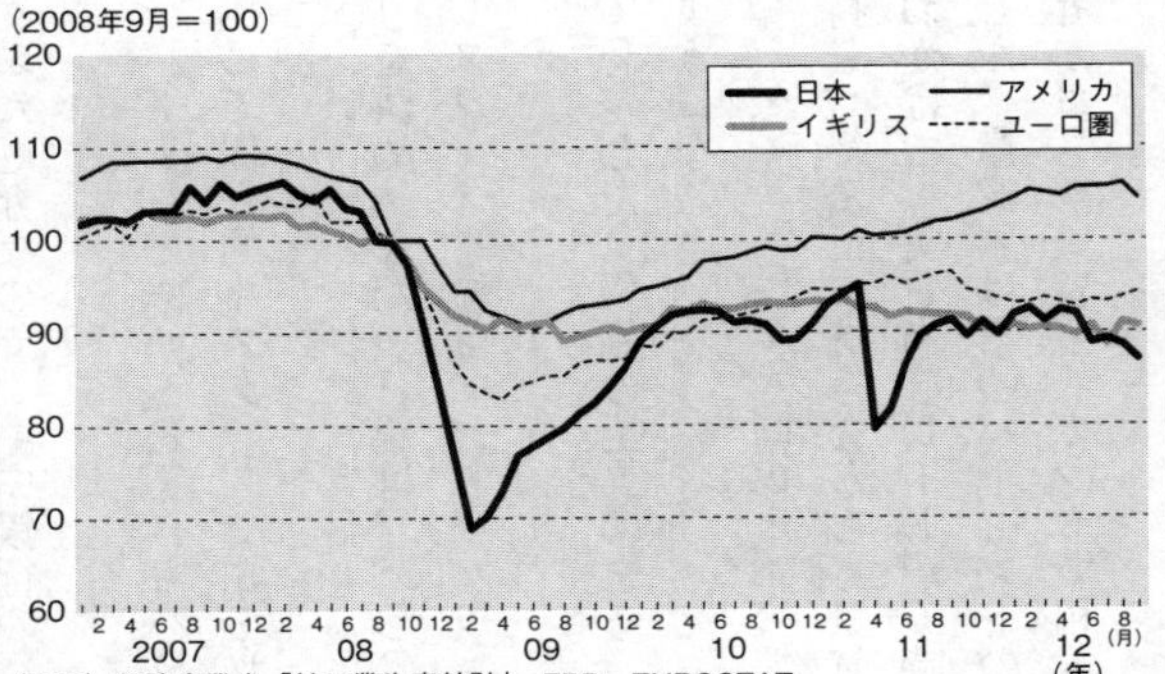

（出所）経済産業省「鉱工業生産統計」、FRB、EUROSTAT

ロ諸国の中央銀行の場合、貨幣総量を知るのはいくぶん厄介《やっかい》なので、中央銀行のバランスシートで比較している。

アメリカの場合、大恐慌研究の権威であるベン・バーナンキ率いるFRBもバランスシートを大幅に増やした。金融刺激策に関して極めて保守的なスタンスで知られる欧州中央銀行すら、その貨幣総量を増やしている。

しかし日銀は、図表2で示したように、だんまりを決め込んだ。日銀は、二〇〇六年に量的金融緩和をやめてから金融政策の抑制的なスタンスを続けており、バランスシートをほとんど増やしていない。

この結果、円の価値が英ポンドと米ドルに対して急騰した。物価の上昇率を考慮した実質実効為替レートを比較してみると図表4のようになる。

イギリス経済は、財政問題がいくらか残っているが、すでに景気回復を始めている。アメリカは為替レートをかなり低い水準に維持し、経済は、喘《あえ》ぎながらも景気回復の坂を上りつつある。日本は、引き締め政策のおかげで、実質為替レートが一時三〇パーセント近く上昇し、輸出入の競争力を直撃した。産業界は三〇パーセントの値下げを吸収する必要があり、その分は生産性の上昇かコスト（賃金）カットで相殺《そうさい》しなければならなかった。

岡田靖氏がこの鉱工業生産の図表5をつくって、興奮して私に見せたときのことは忘れられない。驚くべきは、リーマン・ショック以降、サブプライム危機の震源地であるアメリカやイギリスでの鉱工業生産の落ち込みより、震源地ではない日本のほうが落ち込み幅が大きいということである。なぜこうなったのだろうか。

白川氏は、日本は金融システムが安定しているので金融政策を拡張する必要はなかった、という。だとすれば、日本の鉱工業生産の落ち込み幅が震源地の国々より大きくても良かったのだろうか。金融政策が、鉱工業生産の落ち込みをストップできるのに、そうしなくても良かったのだろうか。

被災地への融資に伴う日銀利権

ここまでデフレとは何かを解説した。そうして見ると、日銀の政策は、円高の直接の原因に対する政策をあきらめ、「円高は不可抗力で避けられないのだから、円高を前提としてその対症療法だけを考えよう」と宣言しているようなものである。

我々を苦しめている根本、つまり円高そのものを阻止しようという姿勢はなんら見られないのだ。

世界経済の大海原《おおうなばら》を漂う「日本丸」。たしかに高度成長時代の栄光は遠いものとなったが、依然として一人当たりの所得は高く、世界最大の対外債権額を誇っている。もっともっと輝いてもいい経済だ。

しかしながら、それを操縦する船長やスタッフが、正しい海図も持たず、財政金融政策という政策手段、つまりエンジンや舵の使い方を知らずに航海している。「日本丸」がこのまま航海を続けるならば、乗客である国民は、一〇年以上続いてきたデフレ、円高、不況の荒波から脱することはできなかっただろう。

ワグナーのオペラ「さまよえるオランダ人」の船長のように、日本経済は、再び日の目を見ることなしに航海し続けなければならなかった……。

それだけではない。先述した日銀の「円高対応緊急パッケージ」という名の対症療法そのものにも、さまざまな副作用がある。これは企業に円高への耐性を持たせようとしているが、そのことで円高是正に対する企業の要請も弱まるため、円高が一層促進される可能性があるのだ。

日銀と政府の意図を示すためにも、もっと為替介入を行って円高阻止の姿勢をとる政策もありえた。しかし、せっかく財務省がドルやドル建て証券を買って、円安を誘導しようとしても、日銀が売りオペをして金融を引き締めてしまえば（これを不胎化《ふたいか》操作という）円高は収まらない。要するに、介入だけしても金融緩和が伴わなければ、円高は止まらないのである。

それなのに、日銀の山口廣秀《やまぐちひろひで》副総裁が、「日銀は金融政策を為替レートに影響を与えるために使う意図はない」と語っていたのにはあきれるしかない。日本経済の病根であるデフレ、円高、不況のいずれにも、すぐさま効く貨幣供給を握っている日銀が、この薬は使えないといっているようなものだ。

「円高対応緊急パッケージ」に見られる政府内の空気、すなわち「金融政策は抜き、財政政策しか念頭にない」という傾向は、変動相場制下の政策手段として誤りであると同時に、財政赤字累積の理由の一つにもなっている。

さらに、国際協力銀行を通じて個別の融資を行おうとする結果、政府関係機関に利権が生じ、天下りなどを助長する恐れもある。

話はそれるが、日銀は経済全体に貨幣を供給するという本来の任務を怠りがちなのに、被災地の企業に融資をすることには熱心だ。もちろん被災地の復興も重要なのだが、「本筋」の仕事がおろそかになっている現状からすると、「融資に伴う日銀の利権を考慮しているからではないのか」と、疑心暗鬼にもなってしまう。

そして円高政策の最大の問題点は、日本の空洞化を促進する政策であったということだ。

二〇一二年の夏に一時帰国した際、土曜日なのに、東京・神田駅前の商店街ではほとんどの店にシャッターが下りていることにびっくりした。思い出したのは、かつて琵琶湖近くでの学会会場に行こうとして、間違えて途中下車した駅に、人っ子一人見当たらなかったときのショックだ……。

このような空洞化現象は、円高によって促進された。「円高対応緊急パッケージ」は、政府が大規模な外貨準備によって外国企業の買収を助け、そのことで日本の空洞化を後押ししたのである。

円高と空洞化のメカニズム

ここで空洞化現象を理解するためにも、なぜ円高が弊害をもたらすのかを復習しておこう。

たとえば円の名目為替レートが三〇パーセント上昇したとすると、ドルで受け取る輸出代金は三〇パーセント目減りすることになる。輸出業者にとっては三〇パーセント輸出価格が低下するのと同じだ。同時に日本の製品コストが三〇パーセント下がるのであれば輸出業者は何の影響も受けないのだが、製品コストのうち特に賃金には下方硬直性があるので、輸出産業は大きな打撃を受ける。

ユニクロと競争する繊維会社なども、外国との競争でハンディを負うことはすでに述べたが、原理は同じである。

もちろん産業のなかには、輸入エネルギーや輸入原料に頼っている業種もある。東京電力など火力発電を業とする会社にとっては円高が有利となる。しかし、どうして日本全体が円高で悲鳴を上げているのかといえば、円高で得をする企業の利益を、損をする企業の損失が大幅に上回っているからである。

円高で不利に立たされた企業はどう対処するのか。倒産しないまでも国内の生産を縮小し、雇用整理を行う。それが、円高が不況を生むメカニズムだ。もう一つの対処の仕方は、外国に生産拠点を移すことである。それによって、円高で一層割安になった外国の労働力を使い企業の収益が回復することとなる。

たしかに、対外進出する企業にとっては合理的な選択だろう。しかし一方で、整理され解雇される国内の労働者にとっては、あまりにも苛酷だ。これこそが、国内産業「空洞化」のプロセスに他ならないのである。経済メカニズムの結果、企業の対外移転が促進されるだけならまだしも、政府が税金、すなわち国民のお金を使って「空洞化」傾向を加速化していい理由は、まったくない。

日本の産業が、地方だけでなく東京からも姿を消し、雇用機会がしぼんでいくような対策が「緊急対策」と謳《うた》われている。民主党の内閣には、もと社会党系で、本来は「労働者の味方」のはずの閣僚がかなり含まれていた。彼らは、「円高対応緊急パッケージ」が日本の労働者にとって最悪の政策であることが分からなかったのだろうか。「円高対応緊急パッケージ」は、財務省や日本銀行の利害に基づいた、経済合理性に反する提案をそのまま丸呑みしたものに過ぎない。円高の根本原因を正せる金融政策には一切触れず、利権を生む対症療法に終始し、財政政策だけで対策を打とうとする。その対症療法の最も直接の効果が、日本企業の海外移転、すなわち日本列島の空洞化なのだ。

円高政策は、空洞化政策であると同時に、地方切り捨ての政策でもある。多くの企業が国内で生産できず、国外に生産拠点を移す。日本各地の工場は閉鎖される。しかし、多国籍企業となった企業のヘッド・クォーターは、多くの場合、東京に残る。だから東京は、それほど打撃を受けないかもしれないが、地方はますます切り捨てられる。

政策変更の効果が続かなかった理由

私の意見に対して、日銀のスポークスマンは、おそらく次のように答えるだろう。

「二〇一二年二月一四日、我々はついにインフレの目途《めど》を発表しました。買いオペの予備基金も拡充しました。それは皆さんの批判に応えたためです。しかし半年以上たっても、円高は続き、デフレも直りませんでした。これは皆さんの批判が間違っていたことを示しています」

一見なるほどと思えるが、それは日銀得意の詭弁《きべん》である。私にいわせると「悪い日銀」の正体を隠そうとして、「良い日銀」をアピールするための議論なのだ。

まず日銀は、インフレ「目標」といわず（英訳では「ゴール」としているが）、「目途」という曖昧《あいまい》な表現を使ったこと。これは、達成されなかったときの日銀総裁の責任をうやむやにするためだ。それでは、国民が確実に信頼できることにはならない。すなわち、各国が二パーセント以上の目標を掲げているときに一パーセントのインフレ「目途」では、少なすぎるのだ。

また、デフレ円高防止の要《かなめ》が金融政策であるにもかかわらず、二〇一二年三月のマネー・サプライは、前年分が震災で拡張したことを口実に、減少している。これでは物価が上がるわけがない。

リーマン・ショック以前、米ドルレートは一一〇円近辺だった。その後、物価も各国で変化しているから、私も一一〇円の水準に戻せとはいわなかった。だが、せめて一ドル九〇円の水準に戻すことが、日銀が本気でデフレや円高に対処しているかどうかを測るバロメーターとなったはずだ。

新しくなったように見える日銀の金融政策は、方向性はともあれ、まだ見せかけだけのもので、成果をともなっていなかった。

「いろいろ試してみてもうまくいかない」――それが日銀の弁解だが、要するに金融緩和の規模が小さすぎたのだ。しかし、日銀の弁解はまだ続き、エスカレートする……。

「我々は、国債以外の株式や土地抵当証券を対象にする買いオペを、世界でもいち早くやりました。しかし、貨幣を増加しても、物価は上がりません。金融政策が悪いのではなく、日本経済が世界各国に比して異質なのです」

これに対しては、「日本銀行の頭が間違っていることを、日本経済のせいにしないでほしい」といいたいところだ。本書を読んでいる読者には、そのことが充分理解してもらえると思う。

「経済書は岩波新書を一冊だけ」の大臣

「円高対応緊急パッケージ」は、世界に通ずる経済学の基本を踏みにじるものだった。誰が踏みにじっていたのかといえば、対策を起草する役人であり、それを統轄する大臣であり、政党の首脳だ。また、政府・日銀の主張をそのまま報道するマスメディアや、充分な批判を述べない学者、エコノミストも、同罪である。

残念なことに、二〇一一年九月二日に発足した野田内閣の布陣では、「円高対応緊急パッケージ」のような不条理な経済政策を引っ込め、円高そのものをターゲットにした金融政策に転換することは絶望的だった。

日本からの報道や友人からの情報をもとに野田内閣の性質を一言で評せば、まさに不適材・不適所の不適格内閣だった。

昨今の日本にとって喫緊《きっきん》の課題は、円高とデフレを克服し、東日本大震災という国難を乗り越えること。そのためには、経済に明るく、日銀や財務省のいいなりにならない内閣をつくらなければならない。

ところが野田内閣は、首相からして完全に財務省の操り人形と化していた。野田首相は松下《まつした》政経塾の出身。(政府の無駄を省くことにより)「無税国家論」を唱えた松下《まつした》幸之助《こうのすけ》氏から直々《じきじき》に学んだそうだが、「出世」してからの豹変《ひょうへん》ぶりを、恩師は天国から、どのような気持ちで見守っているのであろうか。

その首相が任命した後任の財務相も、経済学の知見がほとんど感じられなかった。

私の感覚からすれば、もはや理解不能の人事だ。

その財務相、安住淳《あずみじゅん》氏ご本人のホームページによれば、感銘を受けた本は『鬼平犯科帳』（文藝春秋）だそうだが、経済書の類《たぐい》は読んでいないのだろうか。若田部昌澄教授によると、文人政治家で有名で経済財政相だった与謝野馨氏ですら、「経済書は日銀OBの吉野俊彦《よしのとしひこ》氏の岩波新書を一冊読んだだけだ」と告白しているというから、推《お》して知るべしだろう。

また、記者会見などでも安住大臣は、「財務省の人と仲良くなったからうまく務まる」という趣旨の発言をしていたようだ。だが、大臣は小学校のクラス委員長とは違う。日本の産業、国民の生活が、その判断にかかっているのである。

財務相は就任七日目でG7に出席、国際デビューを果たしたものの、本人も「私に対して発言を求めた国はなかった」と認めるように、完全に蚊帳《かや》の外に見えた。失言で辞任に追い込まれた経済産業相については議論の必要もないだろう。

このような内閣では、真に国民のためになる政治は期待できなかった。日銀と財務省の、日銀と財務省による、日銀と財務省のための政治が行われるだけだ。官邸は、財務官僚に乗っ取られてしまったのである。

私は国民に問いたい。

「これだけ不況が続いて、多くの国民が苦しんでいます。それでも、あなたは日銀や財務省の人々にだまされ続けたいのですか？」

また、マスコミの人々にはこう問いたい。

「新聞、テレビによる『デフレ・円高』礼賛《らいさん》のおかげで不況が続き、新聞の売り上げや広告収入が減少してまでも、日銀記者クラブ員であることの特権を守りたいのですか？　この現象は消費税増税で景気が悪くなればいっそう激しくなる。にもかかわらず、新聞は消費税を免除してもらおうと、消費税引き上げの応援団となるのですか？」

国民には、限られた機会ではあるが、選挙で政治家を選ぶ権利がある。そのときが来たら、この問いかけを思い出してもらいたい。

「どうして、国際水準の経済学に則ってデフレや円高問題に立ち向かう政治家を選ばずに、日銀や財務省に都合の良い理屈を吹き込まれ、それをオウム返しに唱える政治家を選ぶのですか？　その結果、失業や倒産で苦しむのは、あなた自身なのですよ」

数十年前の知識で動く政治家たち

経済学には、ケインズ経済学やマネタリズムなど、さまざまな学説の流れがある。

それぞれ対立する学説もあるが、経済学全体として、世界的に、不況やデフレに関しての共通認識の蓄積が厳然としてある。

不況に関していうなら、経済学においては、以下の大恐慌時代の教訓が重要とされている。

「金本位制をそのまま維持していたので、経済がさらに悪くなった」

「アメリカも、より早く金本位制を離脱していれば、そして貨幣供給を増やしていれば、大不況を和らげることができたはずだ」

これらが現在の通説だ。ところが、私たちが若い頃に学んだマルクス経済学では、「金本位制が壊れたために、資本主義がダメになった」と説明されていた。まったく逆の理屈になっているのだ。

政治家たち、そして金融政策無効説を唱える学者たちには、いまでもマルクス経済学の影響が残っているのではないだろうか。少なくとも固定為替制下の既成観念にとらわれているように思える。若い頃に習った、つまり数十年前の知識で、現在の政治や経済を司《つかさど》ろうとしているわけだ。

これは、医者にたとえるなら、やはり「ヤブ医者」であろう。自分が若い頃に学んだ知識だけを頼りに患者を治療しようというのだから。

もっとも、ここで自己批判もしておかなくてはならない。いままで面識がないと思っていた政界の実力者や日本銀行の幹部から、「実は浜田先生の法学部の『近代経済学』を受講しました」、あるいは、「教養課程の少人数のゼミにいました」と声をかけられることが多いのだ。

そういう人たちが、必ずしも正しい経済学に沿った政策を信奉しているわけではない。現在の経済政策の誤りの責任は、マルクス経済学の強い影響下にあった学生に正しい経済論理を植え付けられなかった私にもあると認める。

再度、医学にたとえてみよう。他の国では、さまざまな動物実験や臨床実験が重ねられ、その結果として多くのことが判明している。それにしたがって治療法、すなわち政策が決められるのだ。

しかし日本では、古い知識に凝り固まっている医者が、最新の研究結果をまったく利用しようとせずに治療法を決めていた。そして、「金利が下がると日本銀行が不利になる」、あるいは「税金が下がると財務省の権限が少なくなる」などという不純な思惑のもと、中央銀行や経済官庁の利害によって、経済学者が何世紀もかけて積み上げてきた経済政策の論理が歪《ゆが》められてしまっていたのだ。

そんな誤った学問の、政治の内容を変えていくために、私たちの先輩、学者たちは真剣に学び、研究してきた。

我々は、経済学の二〇〇年あまりの歴史の積み重ねを無駄にしないために、日本だけで迷信に近い学説がはびこらないように、そして何より国民の生活のために、精一杯努力しなければいけないのだ。

「デフレの正体」は人口減なのか

もちろん、日本にも「先輩」「同志」と呼ぶべき存在がいる。デフレ問題に関しては、すでに述べた岩田規久男氏（現・日本銀行副総裁）などが「昭和恐慌研究会」をつくり、戦間期の日本における昭和恐慌の原因について研究し、現在の政策問題に応用しようとしてきた。

その研究成果は、現在の政策問題にも直接的に役立つ。研究会の下で育った早稲田大学の若田部昌澄教授や嘉悦大学の高橋洋一教授といった人たちには、本書にもたびたび登場していただく。

また、民主党にも「脱デフレ議連」ができた。ここ数年、我々のように考える人間が、まったくの少数派ではなくなってきたのだ（もちろん世界の趨勢《すうせい》は我々の考え方が主流なのだが）。その力を合わせることで、アメリカと世界がすでに知っている日本の復活を早めることもできるはずだ。

二〇一〇年当時、日本では「デフレの原因は人口減少である」という内容の藻谷浩《もたにこう》介《すけ》氏の経済書がベストセラーになっていた。聞けば、菅首相も購入したとして話題になったのだという。

こうした「俗流経済学」が、いまも昔も人気になりやすいのは確かだ。とはいえ、「デフレ」という言葉の定義を経済学とは違うかたちで使っていることだけでも、正しい経済学に則った書物とはいいがたい。経済学の素直な議論からすれば、人口減少は、インフレの原因ではあってもデフレの原因とはなりえない。

私は藻谷さんになんら個人的な反感はない。むしろ、たいへん読みやすく面白い本を書ける方と理解している。ある編集者からは、浜田さんもベストセラーを書きたいなら『デフレの正体』（角川書店）を参考にしなさい、といわれているくらいだ。

しかし、藻谷氏が経済学的に批判されると、「私のデフレとは、自動車や電気用品の価格が下落することで、経済学上のデフレ、つまり一般価格水準の下落とは違う」と答える点は承服できない。

血圧の素人療法を発見したと称する医者が、「ただ、ここでの高血圧の定義は、世界共通の定義と違います」といってもらっては困るのだ。

お金が余っているときの金融緩和は

ＦＲＢ議長のバーナンキは、「貨幣が経済にうまく効くためには、貸し出しがうまく行われ、スムーズな借り入れができるようにならなければいけないが、貨幣量を増やすことも必要だ」と指摘している。

人々はみな貨幣を使って生活している。財布のなかの貨幣がうまく消費や投資に向かうためには、もちろん条件が必要になってくる。しかし、マネーを出さない限り、需要はすぐには生まれてこない。

一方で、マネーを出しても政策は有効に働かないという意見も聞かれる。「日本では、現在お金は余っている。お金が銀行に余っていても、それを借り入れる人がいないのだ。だから金融緩和は無意味だ」という理屈だ。専門の銀行家にもそういう意見の人が多い。

しかし、これは二重の意味で間違っている。

第一に、デフレの世の中では、たとえ金利がゼロであっても、物に対して貨幣の値打ちが上がっているから、物価下落の分だけ借り手が多くを返さねばならない。そのため借り手は物価下落率分だけ損失を受ける。この借り手の負担を、経済学では実質利子率という。

デフレの下では、金利がゼロでも、実は借り手が損失を払っている。同じ金額を返すのでも、返却する額のほうが実質的に大きな負担となっている。つまり実質の利子率はゼロではない。

第二に、お金がジャブジャブ、金利がゼロでも借り手がいない、というのは正しくない。誰でも金利がゼロなら借りたいと思う。触ったものすべてを黄金に変えたミダス王でもない限り、借りたら消費や投資に向けたいと思うのは当然のことである。

しかし、金利がゼロの社会でも、借り手が確実に借金を返してくれるという保証はない。借り手に確実に返してもらうためには担保を取らねばならない。ここで貨幣供給、しかも非伝統的な証券の買いオペレーションが重要になってくる。

金融引き締めを続けていれば、不動産価格や証券の価格が下がってしまう。逆に、もし不動産や証券の価格が下がってしまえば、担保資産の価値が下がり、担保を提供できなくなってしまう。つまり借り入れもできない。

当然の話だが、借り入れに担保が必要なのは、「相手が本当に返してくれるかどうか分からない」からだ。したがって不動産価格が下がると、担保価値の減少のため、いままでは可能であった貸し出しもできなくなってしまうのだ。

このようなデフレや不況に関する研究を、バーナンキなど名だたる経済学者たちが、真剣に、プロとしての名誉をかけて行っている。

だが日本では、「経済学をきちんと勉強したことがないのではないか」と思われる人が書いた、「人口が増えればデフレは解消する」という内容の本がベストセラーとして受け入れられた……。

人口減や人口構成の変化は、たしかに成長率低下の要因ではある。しかし、人口減や構成の変化は、インフレの要因になってもデフレの要因にはならないというのが、経済学、経済の生理学から出てくる唯一の結論だ。

すでに述べたように、この議論をまじめに（というより自己の無作為を弁護するために）研究し、国際会議まで行う日銀は、あたかも医学の専門家が、健康についての「床屋談義」を、お金と暇をかけてやっているようなものである。

百歩譲って、仮に人口構成がデフレの原因だとしてみよう。人口構成が変わり、それがデフレを防ぐまでには、二〇年もの時間が必要だ。だが自分の持つ薬を使えば、金融緩和はその日のうちにでもできる。それをしない口実のために、二〇年かかる手段を一生懸命に考察していいのだろうか。

そのことをメディアは批判しない。産業界も、日本の輸出産業を円高で破壊し日本の空洞化を推し進める野田内閣を歓迎する、といっていた。患者自身が「良い医者だ」と、ヤブ医者を褒め上げているような状態だ。

また記者たちも、政治家と同じように経済音痴なのだろうか。あるいは、政府の抱いている間違った経済像の理解、政策効果に対する理解を正すガッツがないのか……。

私が知る限り、正しく経済を理解し的確な評論をしているのは、産経新聞特別記者の田村秀男《たむらひでお》氏ほか数えるほどしかいない。田村氏はこの「円高対応緊急パッケージ」が円高防止には役に立たず、財務省の利権を増やすだけで、日本の空洞化を助けることを、明快に論じている。

小泉首相に伝えた重要なこと

それより前、小泉純一郎《こいずみじゅんいちろう》首相と竹中平蔵《たけなかへいぞう》氏が経済政策を担っていた時代は、民主党政権よりだいぶましだった。当時、私は内閣府の経済社会総合研究所で所長を務めさせてもらっていたが、その職を辞し、アメリカに戻るときのことだ。おそれ多いことに、小泉首相は、小料理屋で送別の食事会を設けてくれた。

このとき、任期を終えようとしていた速水優《はやみまさる》日銀総裁の後任人事に関する話題も出た。いまだからいえることだが、事前に岩田規久男氏が、「日銀政策委員会のメンバーとしてゼロ金利解除に反対した中原伸之《なかはらのぶゆき》氏を推薦すべきだ」といってくれた。それをお伝えしたあとで、小泉首相には、ともかく「デフレについて真剣に対応できる方を指名してください」ということを強く要請した。

もう一つ伝えたのが、「デフレを脱却するには、予想も重要な要素です」ということだった。金融政策はさまざまな経路で効くが、最も早く効くのは予想を通じてである。「予想、期待形成に注意してください」と小泉首相には伝えた。

同席した岩田一政氏は数字を挙げたまじめな話をしていたが、私は首相と同じペースで飲んだためか、また帰米を前にしてのご招待に感激してか、いささか酔いがまわってしまった。そのときにオペラ好きの首相に使ったたとえ話が、ドニゼッティのオペラ「愛の妙薬」だ。

これは、「ボルドーの平凡なワインでも、本人が意中の相手を惚れさせる媚薬《びやく》が入っていると思って飲み、一生懸命に口説《くど》けば、落とせなかった相手も落とせるようになる」といった内容の話。期待いかんで物事が変わり、期待したとおりに物事が実現する、というたとえ話だ。当時、熟年オペラ歌手としてデビューした漫画家の池田理《いけだり》代子《よこ》さんが歌ったオペラでもある。

小泉首相には、「そういうことも実際にありますから、政府と日銀がデフレを解消するのだという強い態度を示し、国民にデフレ脱却の希望や予想を与えることが重要です」と語ったのである。

総理と会うというのは、たいへんなことらしい。食事会が終わると、何十人もの総理番の記者に囲まれた。だが、まさか日銀総裁人事の具体的な話題が出たともいえない。そこでオペラの話をしたということで煙《けむ》に巻いた。ちなみに、どうやって部屋に帰ったかは、まったく覚えていない。

その話が伝わると、衆議院の内閣委員会で、当時は民主党の小沢鋭仁《おざわさきひと》氏が「愛の妙薬」に絡めてデフレ対策について質問。小泉首相は「デフレではダメなんだ」という内容の答弁をしている。オペラファンである首相は、私がいったことをよく理解してくれたのだ。

しかし、首相答弁の途中で、「それでもモノの価格が下がって喜んでいる人もいる」というおそらく「本音」が出たものだから、そこを小沢氏が追及したこともあった。そうした興味深いやり取りも含め、このときは国会において、「デフレは悪である」という前提で、その対策が真剣に話し合われていたのである。

そうしたことがあったからだろう。その後、日銀の新総裁には福井《ふくい》俊彦《としひこ》氏が就任した。福井氏は、デフレ脱却を小泉政権に約束したという。これは私の予想したところで、自民党幹事長を務めた中川秀直《なかがわひでなお》氏が、約束が実際にあったと証言している。中川氏の「デフレ脱却国民会議」での証言によれば、（具体的には消費者物価指数の前年比が安定的にゼロパーセント以上になるまで）量的緩和を継続すると約束したそうだ。

引き締めに転じた日銀の魂胆

その約束を、福井氏は、総裁就任の二〇〇三年から三年ほどは守っていた。ところが中川氏によれば、二〇〇六年、小泉内閣の終わり近くに少し景気が持ち直してくると、約束を反故《ほご》にして、引き締めに転じてしまった。まだ消費者物価指数はマイナスだったにもかかわらず、である。

これはおそらく、日銀マンによる内部からの突き上げを食らってのことではないだろうか。そして白川総裁は、日銀の司令塔ともいうべき企画部のリーダーの一人だった。おそらく、当時の景気進行を支えていたゼロ金利政策を止めさせて、日本経済をデフレの試練に引き戻したのは、白川氏を含む日銀幹部だったのだろう。

髙橋洋一氏は、当時のことをこう語っている。

「なぜマイナスのときに引き締めができたかというと、実は当時の経済財政担当大臣だった与謝野さんがゴーサインを出しちゃったからなんです。総務大臣の竹中平蔵さんは反対したんですけど、自分の所掌外ですから強くいえなかった。

日銀が引き締めに転じる二〇〇六年のことをもう少し詳しくいうと、あのとき消費者物価指数は〇・五のプラスだったんです。ただし、これは統計上の上方バイアスもあって、その年の夏に改訂される最終的な数字がマイナスになることは総務省にいた私などには明らかに分かっていた。ですから『見かけはプラスでも必ずマイナスになりますよ』と閣内でも議論がありました。しかし『マイナスでも量的緩和解除でい い』と与謝野さんは判断されたんです」

髙橋氏は、さらに、こんなこともいっていた。

「竹中さんが経済財政担当大臣のときは、福井総裁とよく会って日銀と議論をしていました。日銀の決定についての政府の窓口は、財務省と経済財政担当大臣。もし日銀の態度が政府の意向に反していれば、政策決定会合のときに、議決延期請求権を使って決定にストップをかけることもできる。竹中さんは、そのことも真剣に検討していました」

だが竹中氏が離れると、福井氏も引き締めに転じてしまったというわけだ。統計が発表される前に、駆け込みで、日銀の好きな引き締めに転じてしまおうという魂胆だったらしい。

二〇〇六年の引き締め以降、日銀は緩やかな引き締めをひたすら続けていく。そして二〇〇八年には、日本もリーマン・ショックに見舞われることになる。

このとき日本では、金融機関等の損傷は比較的少なかった。それ以前に日銀が行った緩やかな引き締めによって、バブルが過剰に進行していなかったからだ。これは日銀の政策のメリットだったといえる。

とはいえ、大きな金融危機が起きて円高が急に進行したのにもかかわらず、その後はなんの金融的対応もしていない。白川総裁がかつて論文にした「為替レートの貨幣的決定理論」を忘れたか、完全に無視したのである。

円高になるのは分かっていたし、実際に円高は進行した。しかしデフレになるのを好むDNAがそれに打ち勝って、円高を放置したとしかいいようがない。その円高は、国民に大打撃を与えるものだった。

繰り返すが、私は与謝野氏に個人的な恨みなどない。過去、数少ない機会ではあるが、実際に話を伺った印象としては、センスがあり、論理も非常にすっきりしている。多くの人を惹きつける魅力があるのだ。有名な学者の友人にも与謝野ファンは多い。人柄にほれ込み、与謝野氏の間違った経済学説に帰依《きえ》してしまう学者すらいる。

そういう意味で、与謝野氏には人徳がある。

ただ、経済財政担当大臣として日銀を金融引き締めに転じさせてしまった行為には大きな責任がある。しかも、彼は日銀を擁護し過ぎていた。心配になるほど日銀をべた褒めする。そんな大臣は他にいなかった。

たとえば、二〇〇九年の五月、フジテレビの「新報道2001」という番組に与謝野氏が出演した際には、ノーベル経済学賞受賞者のポール・クルーグマンとの対談で、「日本銀行はできるだけのことをやってくれている」と手放しで感謝していた。

日銀の引き締め転向は、現在の日本経済にとって最も必要な「薬」である貨幣、そして信用の供給を渋る政策だ。与謝野氏は、日銀が国民に対して与えるべき薬を与えなかったことを絶賛していたのである。

高橋氏によれば、与謝野氏は、「デフレのほうが良い。インフレは絶対悪だ。だから物価上昇率がプラスになったら悪魔である」とも語っていたそうだ。

「でも、消費者物価指数がちょっとプラスになったら悪魔というんじゃあ、世界中、悪魔だらけですよね」

高橋氏はそういって笑った。

重要なのは日銀の組織防衛なのか

ＦＲＢのバーナンキ議長は大恐慌研究の専門家、それも世界的権威と呼ぶべき人物だ（私も一度お会いしたことはあるが、髙橋氏のほうが親しい）。リーマン・ショック後、ＦＲＢでは大幅にバランスシートを膨らませた。いってみれば、貨幣の供給量を増やしたのである。

これは、他の国でも同じだった。マーヴィン・キング（世界的に尊敬されるファイナンスの学者）が総裁を務めるイングランド銀行では、アメリカ以上に増やしている。欧州中央銀行、スイスやスウェーデン、そしてアジアでは韓国も、金融を大幅に緩和している。その結果、自国通貨も下落した。

そういった国々では、この政策が有効に働いた。少なくとも、そうした政策を続けている間は、物価の下落を反転させ、アメリカでは緩やかなインフレの兆候まで出てきた。不況からも、ある程度は回復させることができたのだ（先進諸国との比較は図表2、図表4、図表5で説明した。発展途上国と比べても、日本だけが通貨高で、日本経済だけが低迷していることは図表3と、第三章の図表7で分かる）。

だが、日本だけはそうしなかった。

「日本はいままでの金融秩序が安定している、だからそれでいい」

そんな主張を続けてきたのである。

白川氏は、「眼前の花壇である金融界さえ安定していれば、一般国民がどんなに失業してもかまわない」と思っていたのかもしれない。

学生時代の彼は、落ち着いた、聡明で人の苦しみが分かる人物だと思えた。だが日銀という組織のなかで働くうち、失業や倒産の苦しみよりも、組織防衛のほうが重要になってしまったのだろうか。

その結果として起きたのが、実に三〇パーセントもの極端な円高だ。輸出業者は、価格が三〇パーセントも上がった商品を売らなくてはいけないことになる。

もちろん先述のように、純粋に輸入だけしている企業や、ユニクロのように海外生産を徹底している企業にはメリットがある。しかし、そのユニクロと競争している国内の繊維業者の立場にもなってほしい。競争相手の仕入れ価格が三〇パーセントも下がることになる。これは深刻な事態だ。

円高が各産業にどれほどの負担をかけているのかについては、ハーバード大学のデール・ジョルゲンソン教授と慶応大学の野村浩二《のむらこうじ》准教授が詳細に研究し、論文を書いている。貨幣面や金融面のショックのために円高が起こると企業の競争条件が変わるが、それが各産業にどう影響を与えるかは、各産業が輸出入にどう関係しているかに依存する。両教授はそれを産業連関分析を用いて、詳細に分析したのである。

そこから、プラザ合意で円高が生じたとき日本の企業がどのように苦しんだかが分かる。「そのときと同じだから、いまの円高も我慢せよ」という方針だと、日本からは、たとえばシャープやパナソニックなどの電機産業が消えてしまうかもしれない。

実質為替レートは、長期的には、いかようにも変わりうる。一〇年前より実質(実効)為替レートが高い、あるいは安いなどといっても仕方がない。リーマン・ショックの前に対等に競争していた企業が、急に二〇パーセント、三〇パーセントも不利な競争を強いられることになったのでは堪《たま》らない。

いや、韓国のように三〇パーセントもウォン安となった国と競争するには、六〇パーセント以上の不利な条件となり、そのためにエルピーダは倒産した。産業構造や競争力を具体的に考えなければ、この企業の痛みは分からない。

両教授の研究が示しているのは、為替介入をしない口実に使う、財務省国際局の「過去二〇年の実質為替レートはもっと高かったから大丈夫だ」という主張が、まったくの間違いだということだ。

実はこの図をかなり前に財務省の財務官室で見たことがある。そのとき充分に反論できなかったのは、私の不徳のいたすところだ。

日本銀行総裁の黒田東彦氏（前アジア開発銀行総裁）は、「円高になると企業が苦しんで製品の価格を下げるので、デフレがゆるやかに進行する」事実をデータで示している。

過去においても、名目為替レートが上がり、実質為替レートが跳ね上がったのは、プラザ合意のあと、そして一九九〇年代前半の不況の時期と、二〇〇〇年代初頭のデフレの時期であり、いずれも日本産業が不況にあえいでいたときである。

産業ごとにそれぞれ痛みが違い、それが日本の輸出産業の運命、さらには日本経済の運命を左右することは、科学的にも分かっていることである。それなのに、円高は良いことなのだという声が上がる……理解に苦しむとしかいいようがない。

菅内閣で財務相であった野田佳彦氏も、「為替レートは当局の介入で決まってくる」と思い込んでいたという。為替レートは各国のマネーの量で決まるという、学界の、世界の金融界の常識を顧みることがなかったのだ。

そして二〇一二年、野田氏は首相として消費増税に突っ走った――。

野田氏は、政府歳入を増加させるのが唯一の目標であり、国民生活がどうなるかについては、まったく念頭になかったらしい……。

第三章　天才経済学者たちが語る日本経済

日本経済が取り残された理由

リーマン・ショック以降の不況によって、世界中で最も痛手を受けた国はどこか。それは、国際比較した鉱工業生産の落ち込みで見る限り、日本である（図表5）。リーマン・ショックの震源地であるアメリカやイギリスの損害よりも日本経済の損傷のほうが大きく、きわめて甚大《じんだい》だった。

その原因は、突発した円高の大波を日本銀行が手をこまねいて見ていたことにある。当時、大臣だった与謝野馨氏は、「蚊に刺されたようなもの」と語ったそうだが、無責任きわまる発言だといわざるをえない。

その状況は、なかなか変わらなかった。

図表6は、図表2を世界に拡大したもので、日本銀行の金融緊縮ぶりが世界でも突出していたことを示す。図表7は、図表4を世界に拡張したグラフであるが、中国をのぞいて、日本だけが通貨高と戦っていたことが分かる。また世界の各国と比べての日本経済の停滞ぶりを比較したのが、先に触れた図表3であり、日本経済が世界の孤児になっていたのが分かる。

これらの図を著作から利用させていただいた原田《はらだ》泰《ゆたか》氏（現・日本銀行政策委員会

図表6　世界の中央銀行のバランスシート

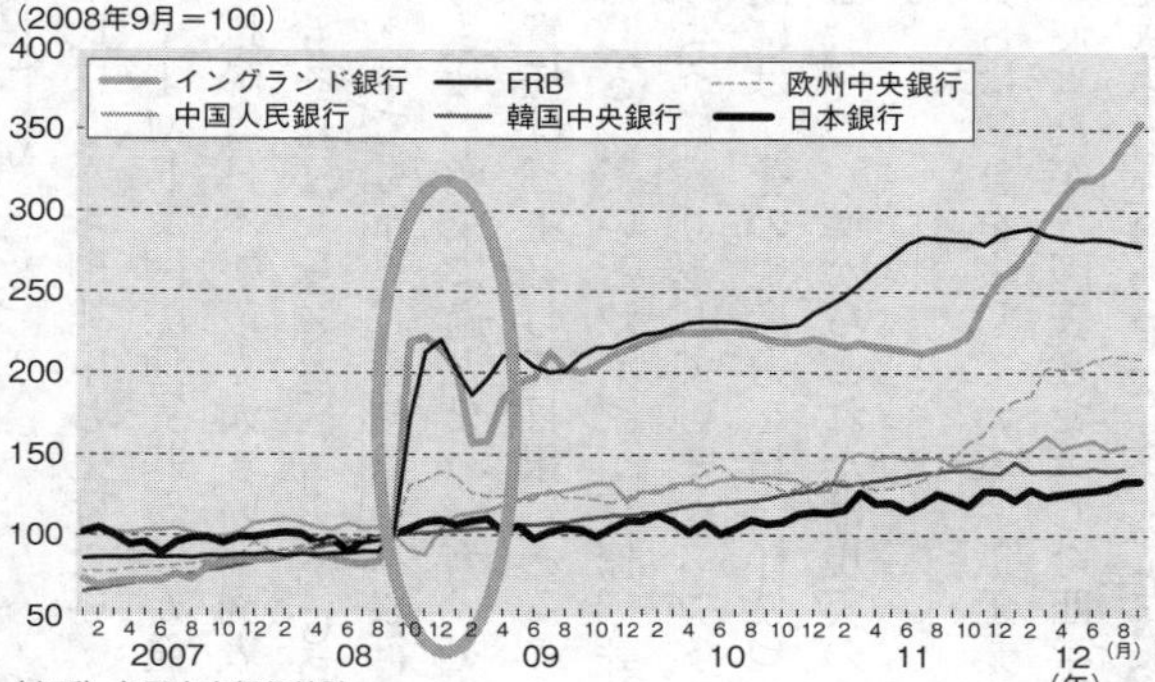

(出所) 各国中央銀行統計

図表7　世界各国の実質実効為替レート

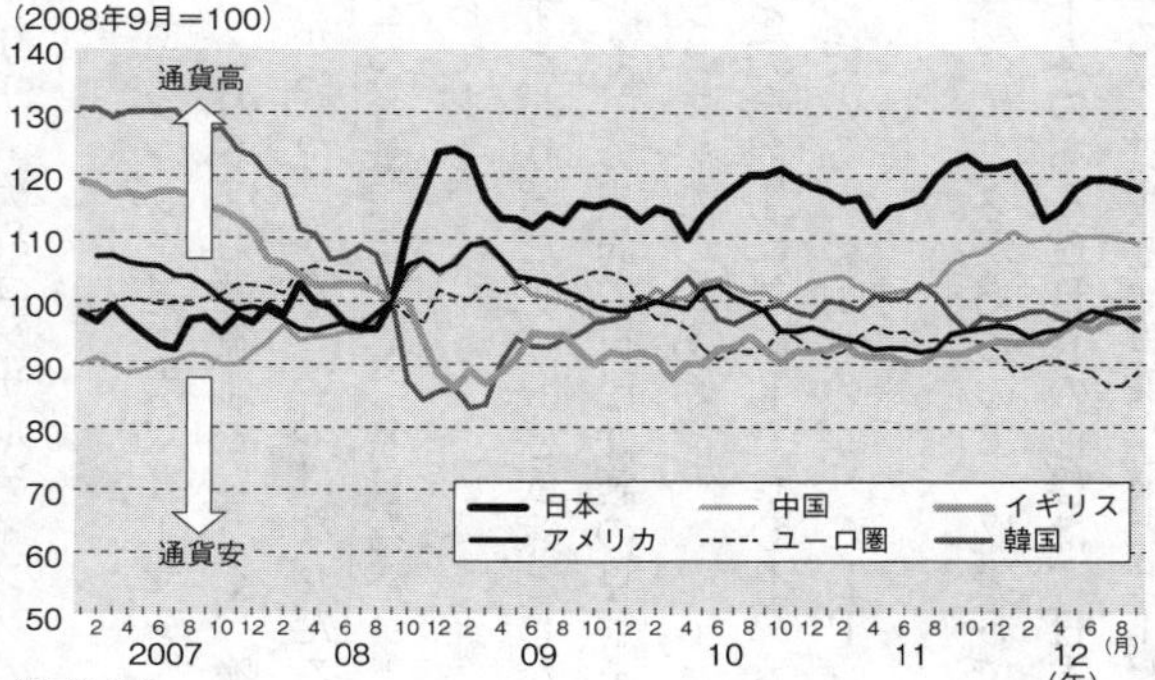

(出所) BIS

審議委員）、新たにつくっていただいた三菱ＵＦＪリサーチ＆コンサルティングの片岡剛士氏に心から御礼申し上げたい。

また、ＩＭＦ（国際通貨基金）が発表したＧＤＰギャップを見ても、リーマン・ショック以降は日本が最も大きい。図表８のように、この不況の震源地でもなく、輸出依存率もそれほど高くない日本のＧＤＰギャップがいちばん大きいのはなぜだろうか。いうまでもなく、それは日本銀行が金融をほとんど緩和せずに、名目為替レートを高騰させ、産業に過大なハンディを負わせたからである。

その責任は、主として日銀にあるのは本書が示すとおり。だが、旧態依然とした考えを信じきっている政治家、官僚、評論家、学者、そして当局の自己弁護の見解をオウムのように繰り返しているマスコミも、それを支えていたのである。

一国には、その生産力を精一杯使って生産できる完全雇用に対応したＧＤＰの水準がある。その水準からどれだけ現実の生産が下回っているかを示すのが、ＧＤＰギャップだ。

図表８はこれを表している。鉱工業生産指数は月次データがあるので、図表５ではそれを使ったが、図表８で示した四半期ごとにデータのあるＧＤＰの推移は、日本が生産できる潜在ＧＤＰに比べると大いに劣っている。毎年生産可能な財とサービス

図表8　実質GDPおよび潜在GDPの推移

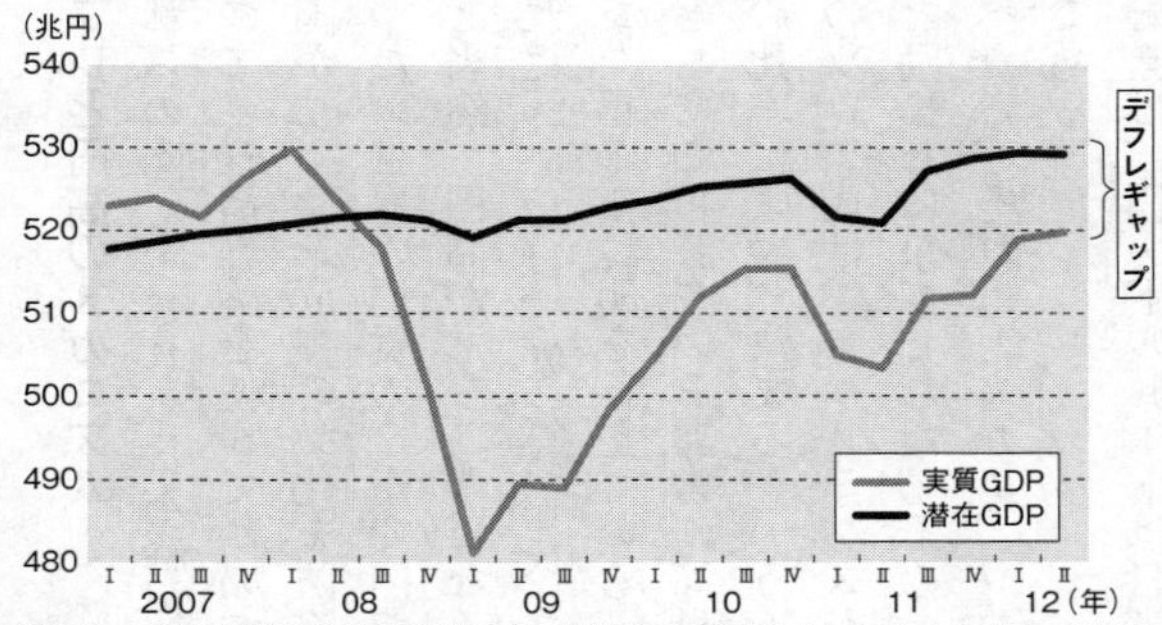

(出所) 内閣府経済社会総合研究所「四半期別GDP速報(2012年4-6月期・2次速報)」、GDPギャップについては内閣府「今週の指標No.1042」(http://www5.cao.go.jp/keizai3/shihyo/2012/0913/1042.html)

を、おおざっぱに見て二〇兆円ほどドブに捨てていたようなものである。

このようなデフレギャップがあるところから、日本経済は回復しなければならない。本来の潜在成長経路に近づくためには、潜在成長経路の自然な増加率よりも、現実の経済成長率が大きくなる必要がある。

だが、供給能力のはるか下で日本が操業しているのにもかかわらず、マスコミやエコノミストは、「日本の成長率が改善した」とはやす。日本銀行と政治家は、これを、金融緩和を止める口実に使う。二〇〇六年に量的緩和を離脱した際の日銀も同じ口実を使ったし、すでに挙げた与謝野氏や、仙谷氏の言葉も同じ論理である。

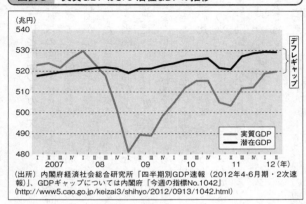

デフレと円高のメカニズム

これらの図で示される日本経済の停滞がなぜ起こるかを、経済メカニズムの生理学、つまり経済理論を使ってかいつまんで説明しよう。

各国がリーマン危機の激化を防ぐために金融拡大を行うなか、日本だけがそれをしなかった。世界の通貨のなかで円だけが希少になり、名目為替レートは急上昇した。すると当然、円高が進むことになる。

これについては、安達誠司《あだちせいじ》氏の『円高の正体』（光文社）がたいへん分かりやすく、また正確な説明を与えている。通貨取引の世界ではソロス・チャート（図表9参照）として知られている非常に簡単な関係で、それは二国間の為替レートは両国の通貨量の比率によって決まるというものである。

そのソロス氏は、アベノミクスが始まったとき、イェール大学まで、金融拡大を続けよと励ましに来てくれた。そのときソロス・チャートは自分が作ったものではないと述べたが、それはともかく、ソロス・チャートの内容は、ビジネス界や学界の共通財産である。

たとえば、円・ドルレートは日米の通貨の交換比率なので、日本の通貨量が増えれ

図表9　ソロス・チャート

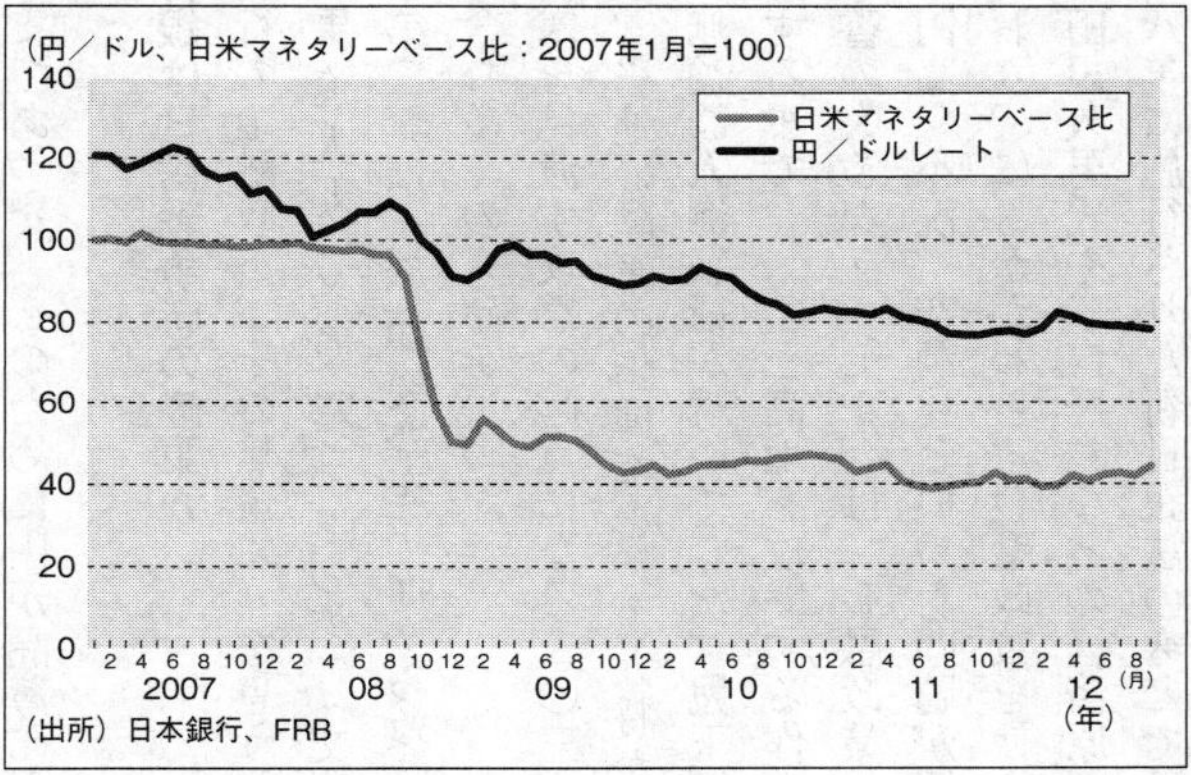

ば円安になり、アメリカの通貨量が増えれば円高になる。これは、ジョージ・ソロスが通貨市場での投機に使ったものだと伝えられたのである。かつて白川氏が日本に持ち帰った「国際収支の貨幣的接近」といわれているものも同じだ。

ただし、この関係は、ゼロ金利のときには、やや弱くなる。それは理論的にも明らかである。通常は、日本の貨幣量の増加は、金利を下げて円の収益率を減少させるので、円安を招く。だがゼロ金利の下では、金利はこれ以上下げようがないので、収益率を通じたこの効果が働かない。

いずれにせよ、リーマン危機のあと、米英がいわば緊急避難として、めちゃくちゃに通貨量を増加させたが、日本銀行は無策のままであった。そのために円が品薄になり、他の通貨に比して上昇したのである。

日銀は日露戦争時の陸軍か

現行の金融政策、その無策ぶりを思うとき、頭に浮かぶのは日露戦争のことだ。司馬遼太郎《しばりょうたろう》の名著『坂の上の雲』（文藝春秋）に詳しいが、乃木希典《のぎまれすけ》将軍率いる満州軍第三軍は、旅順要塞《りょじゅんようさい》を正面から攻略しようとして人海作戦に終始し、将軍の子息を含む多くの人命を失った。

要塞を見渡す攻撃の起点になる二〇三高地を攻めよという海軍その他の意見があったが、当地の陸軍の指揮権を乃木大将が握っていたため、日本海海戦間際になるまで、無益な人海戦術が続いていた。児玉源太郎《こだまげんたろう》満州軍総参謀長が現地を訪れて陸軍を説得するまで、二〇三高地を攻撃する作戦が取られなかったという。

本書の大きなメッセージは、金融政策をうまく使えば、いま日本経済が苦しむデフレ、円高、不況、空洞化といった問題が解決できるのに、日本銀行が金融政策を独占しており、にもかかわらず金融政策を使うのを拒んでいたということだ。

岩田規久男氏や、自民党などの経済原則の分かる議員がいくらそれを叫んでも、一九九八年に施行された新日銀法のもとでは、日本銀行に金融政策の権限が集中しているので、日銀総裁が決断しない限り、金融緩和政策は採用されない。日銀総裁は、司馬遼太郎の描く日露戦争での乃木将軍のようだ。

ちなみに日露戦争では、兵士の間で脚気《かっけ》が大流行した。そのために、たくさんの兵士たちが命を落としたという。脚気の原因はビタミンB_1の欠乏であることが、いまは分かっている。

海軍の高木兼寛《たかぎかねひろ》軍医は麦飯を食べると脚気にならないことを発見し、それ以降、海軍では脚気にかかる兵士が少なくなっていった。しかし陸軍では、軍医総監だった森《もり》鷗外《おうがい》が、脚気は細菌の感染によるものだと信じていた。そこで兵士に麦飯を与えるのに反対したそうだ。そのために日露戦争では、最終的に二万七〇〇〇人以上の陸軍兵士が脚気で亡くなっているという（もちろんこれは、鷗外の文学者としての功績をなんら損なうものではない）。

このように、直面している問題に正しい解決策があるにもかかわらず、国や組織のリーダーがそれを知らず、あるいは知っていても無視する態度をとると、取り返しのつかない惨状を引き起こすことになる。

現在の不況も、病気や戦争と似たところがある。デフレから不況が深まり、倒産や失業で自殺する人も増えた。世を儚《はかな》んで電車に飛び込む人は、ある種の戦病死者だといえるのではないか。そしてそれは、リーダーの選択によって少なくできるのだ。

当時の私には、悲しさと無力感があった。石頭の日銀と論争して負けたくないといった一学者のプライドの問題はどうでもいい。しかし、無知な政治家や中央銀行幹部のために、企業収益が落ち込み、倒産が増え、多くの人が職を失っているのは間違いないのだ。現在の経済学には、そのつらい帰結の全部ではないにしても、その大部分を救う知恵が詰まっている。

日本経済に対する損失を少なくするため、正しい経済学を、政治家、官僚、そしてときに間違った経済学を流しているエコノミストやマスコミにも知ってもらいたいと思った。そうでなければ、苦労して二〇〇年余の伝統ある経済学を真剣に学び、研究した甲斐《かい》がなくなる。

自国優先は世界経済にもプラスに

二〇一一年一月にアメリカを訪れた中国の胡錦濤《こきんとう》国家主席の声明は、「アメリカが金融拡大するのは中国には迷惑だった」というものだ。

当時の中国経済の悩みは、インフレ圧力が高まることであった。形式上は、中国も変動相場制をとっているのだが、強い統制の利《き》いた「管理通貨制」で人民元を切り上げるのを拒み、固定相場制とほとんど同じ運営をしているために、輸入インフレを防げない。だがこれは、通貨である元を充分切り上げ、金融を引き締めれば、自力で解消できることであった。

胡錦濤主席に何をいわれても、バラク・オバマ大統領やベンジャミン・バーナンキFRB議長は気にする必要はなかった。なぜなら変動相場制のもとでは、通貨政策は国内問題であるからだ。そういわれてしまえば、胡錦濤主席も反論はできない。

ところで、二〇一五年八月になると、事態は逆転した。中国がリーマン・ショックならぬチャイナ・ショックを生んだのだ。そして、上海株式市場の相場維持のために金融緩和と公定歩合の引き下げを行うことになったのだ。

すると、米欧、そして日本の株式市場は暴落した。もちろん迷惑ではあったが、変動相場制の下では、日本や各国も、これに金融政策で対抗できる。

ここで、変動相場制のもとでの各国の平価（通貨の対外価値）切り下げ競争が、世界全体の破綻《はたん》を招くという誤解を解いておこう。

一九三〇年代の大恐慌期には、各国は金本位制を採用していた。当時は国内の景気を心配して金融を緩めると、金が流出して金平価を守れなくなるので、金融拡張を行うことができなかった。このような「金の足かせ」を嵌《は》められて金融政策ができないのを防ごうとして、各国は金本位制を離脱し、次々に平価切り下げと金融拡張を行ったのだ。

岩田規久男氏が明らかにしたように、日本も金本位制から離れて景気を回復した。これは当時の大蔵大臣・高橋是清《たかはしこれきよ》の業績だ。

バーナンキFRB議長は、この大恐慌期の世界経済についての権威である。彼が示したように、金本位制を離脱して平価を切り下げた国々がいち早く回復、一方、金本位制に執着した国々の回復は遅かった。

変動相場制下では、金融緩和により一国が景気を刺激しようとすると、自国の通貨の為替レートは下落する。貿易相手国の通貨は切り上がり、相手国の経常収支は悪化する。そのことが、いわば不況を輸出するかのように見える効果があるため、「近隣窮乏化」政策だという批判が生まれることになった。

「近隣窮乏化」とは、各国が勝手に為替を切り下げようと競争すると、世界全体がインフレになるだけで、各国は景気上昇の利益を得られず、為替切り下げ競争が国際金融の破綻を生むという議論である。

これは一九五〇年代の経済学の常識であった。驚いたことに日本では、いまなお大新聞の常識となっている。しかし、現在の経済学の知見からすると、大きな間違いなのだ。この領域は、この歳でも、時に論文を書くことのある、私の専門である。

変動制のもとでは、景気安定のために望ましい為替政策や金融政策を採ることは、自国のために必要であるだけでなく、実は世界の経済の安定のためにも有益なのである。

円高是正をなぜか拒む日銀

すでに一九八四年、カリフォルニア大学バークレイ校のバリー・アイヘングリーン教授とコロンビア大学のジェフリー・サックス教授は、理論と歴史研究の二つの観点から、一九三〇年代に起きた平価切り下げ競争が、世界経済の破局を招くどころか、各国相互の経済回復に役立ったことを示した。

最近では、内閣府主任研究官だった岡田《おかだ》靖《やすし》氏と私が、平価切り下げ競争を行うことによって、各国とも最も望ましい価格上昇率（たとえば低いインフレ）の状態を達成できることを示した。

要するに、金融緩和や円高防止政策を日本のデフレと不況脱却のために用いれば、それが世界経済の活気付けに役立つことはあっても、国際金融体制を破綻させる心配はまったくない。

為替を切り下げようとして、各国がみな利己的に金融拡大して切り下げ競争をしてしまうと、世界はインフレに陥りそうだが、実際には、自国のことを優先するのは世界経済にとっても良いことなのだ。ところが日本の金融政策は、自国の利益を優先するものとは程遠かった……。

外国の例を見てみよう。ギリシャはユーロ圏にあるので、通貨を切り下げられず、財政危機が経済全体の破綻をもたらしている。中国は元の切り上げを拒んでいるので、インフレが防げない。

そして日本は、ギリシャ、中国とは逆に、リーマン・ショックによる各国の超拡大政策の結果、はなはだしい円高になってしまい、デフレと不況で悩むことになった。日本は変動相場制のもとにあるから自国の金融政策で円高を是正できるのに、日本銀行がそれを拒んでいたのだ。

アメリカの有名教授たちが語る日本の不思議

私は二〇一〇年、ハーバード大学の「日米関係プログラム」に研究員として参加した。

どうして日本の金融政策はこうも間違えるのだろうか、政策当局が無知だから間違えるのだろうか、それとも政策担当者の利害関係ゆえに間違えるのだろうか——これが、「安倍フェロー」として採択された私の研究課題だった。アメリカは年齢で差別をしない。七〇歳を超えた私も、「研究員」として、ハーバード大学を訪れることができた。

このフェローシップは安倍晋三《あべしんぞう》氏の尊父、安倍晋太郎《あべしんたろう》元外相の業績を称え、それを記念するために設立されたものである。

採用されると、若い友人たちから、「浜田さんのような長老が我々と競争してもらっては困りますよ」といわれたこともある。だが偶然にも、自分の研究課題と合致していたので、採用されるかもしれないと思って応募したところ、うまくいった。

この場所で私は、「まえがき」に書いたインタビューを、ハーバード大学の有名教授たち一〇人あまりに行い、現在の日本経済について思うところを語ってもらった。

まずハーバード大学に行く前のインタビューで、ポール・サムエルソンと執筆した経済学の教科書がロングセラーとなったイェール大のビル・ノードハウス教授は、「変動相場制下では財政政策が効かず金融政策だけが効くというマンデルとフレミングの議論は、完全でないにせよ、いまでも唯一頼りになる理論である」と答えてくれた。私が普通に考える経済学の枠組みがまともだとは、日本の経済学者はなかなか思ってくれない。そういってもらうと安心した気持ちになる。

いま世界で最も人気のある経済学の教科書の著者であるグレゴリー・マンキューは、リチャード・クーパー教授に紹介してもらった。彼はこう語っている。

「現在、日本が拡大マクロ政策を採らなければならないのは当然だ。デフレが続くことの理由が金融だけにあるのか、財政も影響しているのかは、私が『経済学』で書いたように、わからない面もある。なぜなら、ゼロ金利下では金利が動かないので、経済体系は教科書版ケインズ体系のようになり、財政の有効性が回復してくる可能性がある」

そして、共和党のジョージ・ブッシュ（ジュニア）大統領のもとで大統領経済諮問委員会（CEA）委員長だった彼らしく、「これだけ景気が悪いと、増税は雇用をさらに悪化させる。金持ち優遇といわれたが、ブッシュが行ったような減税を保持すべきだ」と、二〇一二年の大統領選でも争点になったところを付け加えた。

リチャード・クーパーは童顔だが国際金融の大御所であり、外務次官補をしていたこともある人物。ヨーロッパや日本の事情にも詳しい。込み入った経済現象を明快な論理で、しかも素人にも分かるように説明するのが得意である。学会でも彼が総括してくれると、難解な論文もよく分かるようになる。

二〇一一年に数ヵ月、ハーバードに滞在した際には、宿舎を探さなければならなかったが、クーパー家が私のオフィスのすぐそばにあったため、空いている部屋に寄宿させてもらった。クーパー夫人がいわば下宿の女将《おかみ》で、親切に世話をしてくれた。

実はクーパー教授は、昔イェール大学で教えていたことがあり、私の博士論文の指導教官でもあった。たいへん運がいいことに、私はジェームズ・トービン教授、エドムンド・フェルプス教授（当時は准教授、後にノーベル賞受賞）、クーパー教授から指導を受けることができたのだ。

この三人から、あるときは優しく、あるときは厳しく、約三年間、テーマの選択からモデル構想の戦略、論文の書き方まで手取り足取り教わったのである。本当に幸運だったとしかいいようがない。

もちろんクーパー教授も、現在の日本の経済政策の誤りの根幹が金融政策にあることを、すぐに理解してくれた。また彼との共同論文は、日本経済新聞が掲載してくれた。

その論文で私たちは、変動制のもとでは金融拡張が自国の景気を浮揚させるのはもちろんだが、相手国の金融拡張は自国の為替レートを通じて景気抑制的に働くことを説明した。そして、震災の復興財源を現世代だけで賄《まかな》おうとするのは、病気の子供に荷物を負わせるようなものだと論じた。

クーパー教授は、税金が社会に充分に活かされるように、社会全体の効率性が上がる、たとえば環境が浄化される炭素税のような形でとれば、増税がプラスに働くこともあると強調している。

生産性の向上で円高に太刀打ちできるか

デール・ジョルゲンソン教授は、投資理論、生産性の分析の大家で、アメリカ経済学会会長を務めたこともある経済学者である。ノーベル賞候補にもよく挙げられる。中原伸之氏がハーバードに留学していたころからの友人で、日本の学者にとても親切な方だ。弁護士の夫人とともに、私が駆け出しのMIT（マサチューセッツ工科大学）研究員だったころから、美しいチャールス川を見下ろすマンションでのパーティに何度も招いてくれた。

教授はインタビューで、次のように語ってくれた。

「日本経済が国際的競争力を保つには、もちろん生産性を上げるよう努力しなければならない。しかし、プラザ合意のあとや、リーマン・ショックのあとなど、為替市場に急変が起こって、円高が二桁にまで達したときには、生産性の向上努力では追いつかなくなることがある。

　これは単なる経済全体の実質為替レートの比較だけでは分からない。製品価格だけでなく、産業に投入される財のそれぞれに対する為替レートの影響を調べないと、企業がどれだけ円高の被害を受けているかが正確に分からないからだ。レオンティエフの手法を適用した慶応大学の野村浩二《のむらこうじ》准教授との共同研究で、日本経済、特に輸出産業は、プラザ合意の円高のときに二五パーセント、一九九五年の超円高のときには実に七八パーセント、速水優日銀総裁がゼロ金利を離脱して再引き締めにかかろうとした二〇〇〇年には四一パーセントもの重荷を負わされていた。企業にこれだけのハンディがあると、日々のコスト削減だけでは追いつかない」

ジョルゲンソンと野村氏の共同論文を読んで思い出したのが、日本銀行とその御用学者、時には財務省の国際局でも「いまは決して円高でない」との理由づけに使う実質実効為替レートの図である。国際競争力の一つの指標である実質実効為替レートを見ると、プラザ合意後、円高ピークの一九九五年や量的緩和を解除した年などに比べると現在は高くないというのが、日銀、時には財務省国際局をはじめとする日本経済の中枢を司る人々の言い訳なのである。

　私は、ここまで述べたような円高の話をしたとき、複数の学者から、「浜田先生の基準のとり方はフェアではありません。日銀が主張する為替レートは、一九九五年に比べれば高くありません」と反論されたことがある。それぞれ別の機会であり、また彼らは私の教え子で親しい間柄でもあった。彼らはジョルゲンソン・野村両氏の共同研究に対して、「日本経済がいちばん苦しんでいた時期よりも現在はましだ」といっているわけである。

だが一九九五年は、ジョルゲンソン・野村研究によれば、日本の産業がコストと製品価格の間の八〇パーセント近い逆ザヤに苦しんでいたときである。「現在の企業の重荷はそれよりもかすかに軽いから我慢しなさい」と、どうして学者がいえるのだろうか。私はもちろん色をなしたが、同時に「これでは自分の教え方が悪かったのかな」と反省するしかなかった。

実質実効レートとは、名目為替レートを輸出入の価格で調節し、世界各国とのレートを平均した、日本企業の輸出競争力の指標である。企業は現在の世界の経済情勢、現在の技術で競争している。技術や需要がいまとは違っていた二〇年前と比べても仕方がない。

リーマン・ショックから数年たち、日本の実質実効為替レートはリーマン・ショック直前期と比較して、約三〇パーセントも上がっていた。それだけ海外競争のハードルも上がっていたのだ。だから、シャープもパナソニックも、そしてソニーもたいへんだったのである。

ジョルゲンソン教授の直言

ジョルゲンソンは専門家として生産性の要因に注目するが、円高が日本産業の競争力を損なったこともはっきり理解している。最近でも、日本停滞の原因が、為替政策や金融政策の失敗だったことを、次のように指摘している。少々長いが、二〇一二年一〇月一一日のロイターの記事から引用しよう（〔〕内は筆者が補足）。

〈為替市場での円レートの過大評価が、日本経済の低パフォーマンスの主因であることは明白だ。日本銀行がより積極的な金融緩和策を講じなければ、この行き過ぎた円高は日本の潜在成長力にとって今後も大きな壁となり続けるだろう。

二〇〇八年の国際的な金融危機以降、円は対ドルの名目為替レートで一九八五年のプラザ合意前後に匹敵する勢いで上昇した。輸出や生産の落ち込みは、主要先進国の中で最も激しかった。

率直に言って、日銀はこのことに対して重大な責任を負っている。金融危機からほどなくして、米連邦準備（制度）理事会（FRB）に追随し、実質ゼロ金利政策を復活させたものの、資産購入を増やし量的金融緩和の観点でバランスシートを拡大し始めたのはようやく最近（二〇一二年）になってからだ。

FRB、欧州中央銀行（ECB）、イングランド銀行（英中央銀行）は、二〇〇八—〇九年の金融危機の最中にバランスシート拡大の方向に大胆に舵を切っている。しかし、日銀は主要中銀（中央銀行）の中では唯一、そうした動きに同調しなかった。その結果が、円レートの急上昇である。

日銀はその後遅ればせながら量的緩和に踏み出し、今年（二〇一二年）二月には消費者物価の前年比上昇率一％という事実上のインフレ目標を導入した。遅きに失したとまでは言わない。しかし、この程度で日本経済が二〇〇八年以降の円高で被った初期のダメージを修復できるかといえば、答えはノーだ。他の主要中銀、何よりFRBがより積極的な量的緩和を推し進めていることを考えれば、日銀の政策は不十分としか言いようがない。

資産バブルの発生リスクなど量的緩和の副作用をめぐる懸念があることは私も理解している。しかし、現実の問題として、FRBが（二〇一二年）九月に発表した量的緩和第三弾（QE3）は実施期間について期限を設けないという極めてアグレッシブなものだ。円高の長期トレンドを逆行させようとするならば、日銀に躊躇《ちゅうちょ》している暇はないはずだ。

むろん、ゼロ金利下での金融政策の効果を疑問視する声があるのはうなずける。だが、主要国の中で、日本に限っては、量的緩和不足が（円高を招き）経済成長を阻害していることは明らかである。

企業の収益悪化の主因をマネジメントの失敗に求める声も多いようだが、それも間違いだ。たとえば、日本の電機メーカーの大半は、円がこれほどまでに過大評価されていなければ、アジアのサプライチェーンの中でもっと役割を拡大できていただろう。これら輸出セクターが、金融危機以降の日銀の失策で最も酷い被害を受けたことは明白だ。言い換えれば、日銀がより強力な金融政策を推進するようになれば、彼らが取り返せるものも大きい。

日本企業はいまだに素晴らしい技術と洗練された製造ノウハウ、そして能力の高い人材を有している。アジアのサプライチェーンの中でより良いポジションを確保できれば、韓国や台湾の企業を相手にもっと効果的に戦うことが可能なはずだ。その意味では、私は日本企業の将来をさほど悲観していない。

しかし、円の過大評価を是正する措置《そち》なくして、輸出企業のトップに起死回生策を期待するのは酷というものだろう。彼らは、金融政策を担っているわけでも、お札を刷っているわけでもない。電化製品や部品を作っているのだ〉

日本の実質失業率は一三パーセント

また、ベンジャミン・フリードマン教授はフランコ・モディリアーニの高弟で、宗教が経済活動に及ぼす影響の研究でも知られている。また知日家で、宮尾龍蔵《みやおりゅうぞう》日本銀行政策委員会審議委員のハーバード大学時代の指導教官でもある人物だ。

教授は、「たしかにコーイチのいうように、日本の貨幣政策には問題がある。しかし、アメリカの失業率は八パーセントとか九パーセントを記録するのに、日本の失業率は現在、四パーセント台ではないか。だから、日本で金融緩和への圧力があまり高まらないのも理解できる」と語ってくれた。

これは私も気付いていなかった指摘だ。だが岩田規久男氏のおかげで、その事情が分かった。

昭和恐慌の研究を積み重ね、リフレ派の指導者として、世界の常識から見て正しいマクロ経済学を啓蒙《けいもう》してきた氏によれば、雇用調整助成金が日本の失業率を低く保っているという。

内閣府の公表した、この助成金付与の統計を見ると、どれだけの労働者がそのおかげで失業せずに済んでいるかが分かる。雇用調整助成金のおかげで雇用されている人も失業者に数えると、アベノミクス以前の日本の失業率は、実に一二パーセントから一三パーセントに跳ね上がっていたのである。

雇用調整助成金の機能そのものへの議論もあるだろう。この助成金は、正規雇用者の雇用を保護しようという考えに立っており、企業が解雇や休職を思いとどまると補助金がもらえる仕組みになっている。つまり終身雇用の保護につながるため、逆に若年層の雇用状態を悪くしていた恐れもある。

日本の社会の安定に寄与している可能性のある中年層の雇用を保護して、これから技術を取得する将来の働き手、つまり若者に、就職難というかたちで重荷を課していたのである。要するに、各企業が無駄な雇用まで抱えてしまっていたということだ。

日銀による超緊縮政策のために、若者の働き口がなくなり、それが技能や新知識の習得を妨げ、日本企業の生産性をそぎとっていた。このことが将来、日本経済を凋《ちょう》落《らく》させる原因になる。つまり、潜在成長そのものに対しても脅威となるのだ。

日本は見かけの失業率こそ高くないものの、実質的な失業率はかなり高い状態にある。企業が人を雇いながら効率の悪いことをやり、損失を出しながらも、それを助成金で我慢しているのが現状なのだ。

ちなみに、アメリカの日本経済研究の大御所で、日銀政策委員会審議委員の白井《しらい》さゆり氏の師であり、私の師でもある、コロンビア大学教授、ヒュー・パトリック氏も、私の金融政策に対する意見に大いに賛成してくれた。

経済学の天才たちの日本経済批判

ここまでに紹介した経済学の大家たちのほかにも、日本経済に興味を持っている人がいる。たとえば、ノーベル経済学賞受賞者のジョー・スティグリッツとポール・クルーグマンの二人である。スティグリッツとはイェール大で、クルーグマンとはMITで知り合ったが、若いときから先輩を圧倒する雰囲気を持った大秀才であった。

スティグリッツはマクロ経済学とミクロ経済学の大家だが、現在の問題意識は、公正の問題にあるようである。アメリカで金融市場の自由化と投機活動が野放しとなる状態が続き、グローバリゼーションが行き過ぎたために、サブプライム危機が生じた。だから、ウォール・ストリート占拠のような動きが出るのも当然だという世界経済の捉え方である。

アベノミクスが採用される前、NHKの「Bizプラス」で、彼は飯田《いいだ》香織《かおり》キャスターに次のように語っていた。

「日本経済は労働者の半分が失業しているスペインのようなことはない。日本はアメリカの金融自由化、グローバリゼーションの動きに追随して、バブルを破裂させた。しかし日本の工業セクターの生産性はすばらしい。ほかのセクターでは構造改革は大いに望ましいが、製造業の構造改革は、そう叫ばなくてもいいくらいだ。製造業の高生産性が国民の福祉につながるようにしなければならない」

そしてキャスターの、「どうしたら日本の雇用情勢は改善するか」の質問に対しては、「いろいろあるが、まずは円レートを下げて、輸出をしやすくすることだ」と述べている。これはまさに、私の主張に等しい。

ポール・クルーグマンは、貿易論と産業組織論を結びつけた業績で名高い、まさに天才児といえる学者である。私が細かい理論的問題にとらわれているとき、「コーイチ、あなたはもっと政策を直視するテーマを選んだほうがいい」と助言をしてくれたこともある。

彼は日本の金融政策についてはずっと批判的だったが、バーナンキ自身が日本の緩和の遅さを批判しておきながら、FRB議長になってから徹底した緩和政策を取れないのを見て、「日銀だけを非難してきてすまなかった。FRBも同じ間違いをしたのだから」といったことがある。それに対して日銀マンが「クルーグマンが謝った」と鬼の首を獲ったようにいうのを見て、私はあきれるばかりであった。

日銀の自画自賛的体質は、もはや喜劇に見えたものだ。

またクルーグマンはPHPの「Ｖｏｉｃｅ」で次のように語っている。ＮＨＫのインタビューのときにも感じたが、日銀流理論を先入観としているらしい聞き手の反応も面白い。以下は私なりの抄録である。

まず、歳出削減案に対しては、「削減の三分の二は低所得者層の役に立つプログラムの削減。富裕層への課税を減らし、貧しい人への援助を減らす政策はばかげている」。ＦＲＢのＱＥ３（量的緩和第三弾）に関しては、「バーナンキの決断は大賛成。消費者から見れば低金利でローンを組みやすくなるし、適度のインフレになれば返却も容易になる。そうなれば民間企業も売り上げが伸びて、ドルも減価するので、輸出産業も競争力を持つだろう。共和党側は、この政策は悪性インフレを呼び込むというが、いま通常の金融政策はまったく効き目がない。ほかに策はない」と評価している。

また、ＥＵ通貨の問題点については、「単一通貨であるのに、政府が一つでないこと。弱い国の経済を助けるために強い国が財政を弱め、ユーロ圏全体である程度のインフレを起こす必要がある。それに対し、強い国であるドイツが反対している」と、明快に述べている。

クルーグマンは、日本経済への対策も、「日本には、根本的に高齢化と少子化の問題がある。しかし日本が三～四パーセントのインフレになれば、事情は変わってくる。どうやってインフレを起こすかというと、お金をものすごい勢いで印刷し続けると約束すること。そこには将来の期待が大いに関係する」と述べている。

私は「ものすごい勢いで」とまでは言い切れないが、彼は日本の長いデフレのあとでは、デフレ期待を払拭《ふっしょく》するのが難しいと見ているのであろう。

彼はこう続けた。

「二〇〇五年から二〇〇七年にかけて、日銀が思い切ってインフレ率をプラスにすると約束すべきだった。それなのに金融引き締めを行ってしまった……ひどい失策だ」

では、もし彼が日銀総裁だったらどうするだろうか。

「まずインフレ・ターゲットを公表する。日銀の量的緩和は控え目すぎて、まったく足りない。一パーセントのインフレ目標を発表したところで、きっとそこまでのインフレにはならないと国民は思っている。本当は四パーセントが望ましいが、二パーセントでもずいぶん状況は変わるだろう。円安にするだけで、将来は明るくなる」

アベノミクスと黒田総裁下の日銀は、まさにこのことを実現したのだ。

経団連や同友会はなぜ黙っているのか

円高で苦しんでいる企業、またその結果の株安で苦しんでいる証券会社などは、なぜ日本経済団体連合会や経済同友会などを通じて政府に注文をつけなかったのだろうか。

一つには、政権が自民党から民主党に替わったため、どうやって財界の意向を政策に反映させたらいいかが分からなかったのかもしれない。それがいいことかどうかはともかく、自民党政権時代、経団連や同友会の意見は、ある程度のバランスをもってスムーズに政治に反映された。

だが民主党政権では、どうやったら良いか分からなかった。あるいは経済界に、「国民経済のことを考えよう」という気風が薄れてきたのかもしれない。しかし端的にいって、財界も不勉強かつ無知だったということに尽きる。

高橋洋一氏はこう語る。

「私の印象としては、現在の経営トップは、ある年代以上の方々なんですよね。その人たちの体験というのは、基本的には、一九九〇年よりも前の世界なんです」

「一九九〇年より前の世界」とは、変動相場制が完璧ではなく、金利の自由化が行われていない時代のことだ。当時の経済政策としては、財政政策しかなかった。そのために、財政しか頭にないのだという。

また一九九〇年代以降は、有効なマクロ経済政策がほとんどとられていない。だから、金融政策が効くということが経営トップにも理解できない。

「要するに、固定相場制の時代の頭だけで、政治家もマスコミも経営者も考えていると、私は思いますね」

こう髙橋氏は続けるが、残念なことに、学者やエコノミストも、マクロ経済における貨幣の役割を理解していない。

為替介入で生じる財務省の利権とは

日本銀行の世論操作がうまくいっているのだろうか、学者の方々も、日銀の責任を追及しない人が多い。

だが、その結論は、「物価が金融政策に即座に反応するから実物経済が動かない」ということになる。アメリカで博士号を取って帰ってきた実物経済の分析ではすぐれた論文を書く学者ですら、貨幣経済の論文を書いたことがないせいか、「貨幣は生産や雇用や過剰設備には効かない」と主張する。

それでも、あなた方の論文が前提とするように物価には効くはずだが、とたずねると、「だから私は将来、超インフレになるのを心配しています」と、まったく論拠のない、かつての日銀の言い訳と同じことをいう。国際的にも有望だと思われる学者がこういう状態なのは末恐ろしい。

しかも優秀な学者なので、頑固な人が多く、こういう人たちと議論すると骨が折れる。時間を無駄にするだけである。

現在のようなデフレの状態から物価が上昇する段階に達するためには、どこかで物価が安定する状態を経由しなければならない。「マーシャルのk」で知られるアルフレッド・マーシャルの主著の扉には、ラテン語で「自然は飛躍せず」と記されている。いままでインフレを制御することには巧みだった日銀に、それができないはずはない。

後で詳しく述べるが、高度成長期、一九六〇年代の日本経済は、ほぼすべての年が緩やかな一桁台のインフレだった。第一次オイルショックは日本を狂乱物価に陥れたが、それも日本銀行は鮮やかに安定させている。

我々がごく緩やかな物価上昇率を目標としているのは、まさに、日本銀行の過去のインフレ抑制のすばらしい成果を信頼しているからなのだ。

「超インフレになるから貨幣は出さない」と主張する日銀は、日本銀行法によるさまざまな特権と、豊かな人材を併せ持っている自分の組織に対し、自ら不信任を表明しているとしかいいようがない。

旧態依然とした考えの経営者も、実は為替には非常に関心を持っている。ただ、「為替は介入で変わる、その権限を財務省が持っている」と思い込んでしまっている。「為替は金融政策によって変わる」という理論が、ほとんど知られていないのである。

この理論は、のちに日銀総裁となった白川方明氏がシカゴ大学で学び、日本に持ち込んだもので、現在ではかなり一般化している。それより前になるが、私のゲーム理論による国際金融の研究も、この理論の枠組みによるものである。世界中で誰もが使っている枠組みだ。

だが、なぜか日本では、知識人も有識者もエコノミストも、そして学者の多くも、「為替相場には金融政策だけが効く。介入政策をやっても金融政策なしには景気に影響はしない」という真理はいわない。まして財務省は絶対にいわない。

「財務省のなかにも、この理論を知っている人はいるんですけど、絶対にいわないんです」

と高橋氏はいう。

「なぜなら、介入以外に為替調節の手段があることが公になると、財務省の権限を失うのではないかと心配しているからです。さらに、その権限を背景にして、天下りもあるわけです……」

財務省による為替介入は、為替市場に、もちろんある程度の影響を与える。しかし、高橋氏が書いた記事や書籍を読むと、その利権で何パーセントか稼ぐ者がいるという。

財務省が持つ外国為替特別会計それ自体が、いわばひとつの大きなファンド。それを各金融機関が運用している。それを使って財務省が為替相場に介入すると、運用している金融機関に手数料のようなかたちで利益が生まれる。しかも、それは一〇〇兆円×数ベーシスポイント（〇・〇一パーセント）というレベルで、かなり巨額の利益になるのだ。

変動相場制を採用している先進国で、これほど大きなファンドを持っている国は、日本以外にはない。日本はあり得ないことをやっているのだ。

もし、金融政策で為替相場が変わることを理解しているなら、理屈では、日本銀行に任せればいい。それをしないのは、財務省の利権を筆頭に、前記のような理由があるからなのか。

二〇〇三年から二〇〇四年にかけて、財務省財務官の溝口善兵衛《みぞぐちぜんべえ》氏（現・島根県知事）は、アメリカのジョーン・テイラー財務次官と携帯電話で連絡をとりながら、巨額なドル介入を行った。これも、介入の半分程度は不胎化政策で相殺《そうさい》しなかったから有効だったのである。だが現在の財務省は、ほとんど本格的な介入をしていない。

日米の記者の経済原則理解の水準

ここまで繰り返し書いてきたように、日本のマクロ経済政策は、非常に歪《ゆが》んだ、あまりにも孤立した状態にあった。他の国では当たり前に考えられている経済原則、すなわち経済学二〇〇年余りの積み重ねを無視していたからだ。

経済学の常識に則り、適切な（言い換えれば当たり前の）政策をとること――それだけで日本は復活する。それがなかなかできないできたのは、日銀や政治家たち、それに学者やマスコミが、あまりにも「身内の論理」に凝り固まり、自分が所属する組織の利害だけを考え、自分勝手な枠組みでしか経済を考えられなくなってしまっていたからだ。

では、海外の経済学者たちは、経済学の現状をどのように見ているのだろうか。私のインタビューの経験では、貨幣の働きを考慮に入れたマクロ経済の見方については、イェール大学のビル・ノードハウス、以下ハーバード大学のデール・ジョルゲンソン、グレッグ・マンキュー、ベンジャミン・フリードマン、ロバート・ローレンス、ジェフ・フランケル諸教授の思考の枠組みは一致している。

それだけではない。「ウォール・ストリート・ジャーナル」や「フィナンシャル・タイムズ」などの主要紙も、金融政策で物価上昇率を左右でき、ドル相場も変化するという前提のもとで議論している。

本書を書いたのは、バラク・オバマとミット・ロムニーが対決するアメリカ大統領選の真っ只中であった。どちらかというと民主党寄りの「ニューヨーク・タイムズ」と比較すると、共和党系だったといわれる「ウォール・ストリート・ジャーナル」でも、その社説やコラムは、「FRBが金融緩和を強化すれば、物価とドル相場に効く」という世界の経済学を大前提としていた。

共和党は、その効果が「物価や為替に効きすぎてインフレを再発させるわりに、失業解消で得られる利益が少なすぎる」と考え、金融緩和に消極的だ。共和党のロナルド・レーガン大統領時代に大統領経済諮問委員長をしていたフェルドスタイン教授も、二〇一二年秋の状況では、金融政策はこれ以上拡張しないことに賛成している。しかし、金融緩和派でない彼でさえ、日銀の金融不作為の図を見せたときには、「日銀がこれほど保守的だったとは知らなかった」と驚いていた。

一方の民主党は、失業や不況を和《やわ》らげるために金融政策を活用しようとしている。しかしどちらも、経済学の原則である「貨幣刺激が物価や為替に効く」という経済の大本を理解したうえで、FRBが金融緩和を行うべきかどうかを論じていたのだ。

ところが、日本の「朝日新聞」「読売新聞」「日本経済新聞」といった主要紙は、ギリシャ危機などを前面に出すが、為替の重要な決定要因である各国の金融政策は書こうとしなかった。

ギリシャの危機は、ギリシャだけではどうすることもできない。ユーロという共通通貨があるため、金融政策が使えないからである。ところが日本国内の金融政策は、日銀がその気になれば（バレンタインデーの政策変更で見たとおり）、その日のうちに効くのだ。

アメリカと日本の記者や論説委員たちの経済原則理解の水準には、月とスッポンの差があるのだ。

若者にインセンティブを与えなかった結果

過去の日本経済、特にそのGDPの経緯を見れば、成長の花形だった日本経済がおかしくなっていることは間違いないと諸外国は見ている。金融政策が必要なことは、彼らにとっては常識だ。日銀が金融政策に対してこんなにも及び腰だなどとは、海外からすると信じられないことだろう。

日本に帰って驚くのは、すでに述べたように、若くて優秀な経済学者たちが、デフレの問題について充分に理解していないことだ。

デフレとその弊害《へいがい》について話すと、「デフレの原因は、マクロ経済政策や金融政策の誤りではなく、構造的なもの」という人、またすでに述べたように、「金融緩和を続けると、このままではいつかどこかでハイパー・インフレになってしまう、それが心配」という人もいて驚かされた。どちらも自分の領域では優れた業績を挙げている学者なのに、である。

あくまで一般論だが、心配なのは、日本では若い人たちの置かれている知的刺激や競争のシステムがうまく機能していないのではないかということだ。現実に、アメリカの超一流大学、その経済学系の大学院には、日本が得意とする数理経済学や計量経済学の分野を除き、日本人がなかなか入れなくなってしまっているように思える。

そこには日本の若者の「内向き」傾向も働いているのだろう。現状として、アメリカの大学においては、中国人の若者のほうが英語もうまく、とにかく熱心に勉強をする（もちろん例外もあるが）。インドや韓国からの留学生も同じだ。

このままでは、日本は学術や技術のうえで、世界の最先端についていけなくなる可能性がある。その原因として考えられるのは、若者に与えられるインセンティブの問題だ。

二〇一〇年、私と若田部昌澄教授とともに『伝説の教授に学べ！』を共著した勝間和代さんは、このように語っている。

「じつは、実業界もまったく同じでして、過去二〇年、これはと思うような企業が育っていないということが、つねに議論になっています。片隅のほうで携帯系とか、インターネット系が立ち上がっている以外は、まともに育った企業は非常に少ないですね。それでは、産業の新陳代謝が起きるわけがないと思います。日本では、システムとして新しい成長企業を生み出す仕組みになっていないのではないかと思います」

イェール大学の政治学の助教授だった斉藤《さいとう》淳《じゅん》氏は、世界に発信できるような若者を育てるための英語塾を日本で開いている。また私が、『ジャパン・アズ・ナンバーワン』や『鄧小平と中国の転換』を著したエズラ・ボーゲル教授から暖簾《のれん》を借り受けた「ボーゲルはまだ塾」をイェール大学で試みようとするのも、主体性を持ち、それゆえに世界に堂々と意見を主張できる日本人を育てたいからに他ならない。

ではなぜ、日本の若者のエネルギーが減ってしまったのか。次の章では、新しいパワーが生まれにくい原因を考えるために、私の学生時代を振り返りながら、学問の国際化の重要性について記してみることにしよう。

あくまで個人的な体験で、私事にわたるので恐縮だが、参考にしていただければと思う。これも、日本経済の復活を切に願うゆえの老婆心《ろうばしん》からである。

第四章　それでも経済学は日本を救う

「バカの壁」をつくる日本の大学

私が生まれたのは一九三六年一月八日。偶然だが、あのエルビス・プレスリーが生まれた丸一年後だ。その年の二月に、二・二六事件が起こっている。母親によると、乳飲《ちの》み子である私を抱え、雪が降る戒厳令のなかで、たいへんに心細い思いをしたそうだ。

またこの一九三六年は、経済学の歴史にとって非常に重要な年でもある。歴史的な名著『雇用・利子および貨幣の一般理論』(ジョン・メイナード・ケインズ)が出版されたのだ。そのため、私は「ネイティブ・ケインジアン」と自称してもいる。

東京大学に入学したのは、一九五四年のこと。入ったのは法学部だった。高校生のときには理数系の学問、とりわけ数学に惹《ひ》かれていたので、周囲の人間は、なぜ私が文科系の学部に入ったのか不思議がっていたようだ。

文科系に進んだ私の心境としては、父が専門にしていた哲学、歴史、文学といったものに、なんとなく魅力を感じていたからだろう。

大学の教養課程の文科からは、法学部にも経済学部にも進むことができた。そこで法学部を選択したのは、私の適性からすると間違っていたと思う。

法学部の勉強は、どうしても「(ある目的の)ためにする論理」をつくるようなものになる。法の論理は、自分の主張を正当化するためにある。もちろん、それは重要なことだ。自分をどううまく正当化するかは、人生の波風を乗り切るためには重要だし、政府も自分たちの政策を正当化しなければならない。法学の勉強は、もちろん多くの人々を苦境から救う知恵ともなるのだ。

法の論理の性格は、裁判の例を持ち出せば一目瞭然《いちもくりょうぜん》である。民事では当事者同士が、刑事では検察と被告とが、それぞれ自分の主張のために最善の理屈を考え出そうとする。

だが経済の論理は、それでは済まない。日本銀行が「インフレ目標はデフレに効かない」と主張しようとしても、人々の期待等を通じて、二〇一二年二月一四日の政策変更のように、金融が顕著に有効となることもあるのだ。

いかに正当化するかではなく、厳然たる事実がそこにある——。

話を法学部時代に戻すと、川島武宜《かわしまたけよし》教授に、民法を、法律としてだけでなく社会科学として教えていただいたのは幸運だった。先生の専門は法社会学で、入会権《いりあいけん》や頼母子講《たのもしこう》といった実例を挙げて、法律の社会的な役割をよく説明していただいた。

ドイツの社会学者マックス・ウェーバーは、「役人になるには法律を勉強せよ」といったそうだ。なぜなら、役人には膨大な資料に埋没せず、それを系統立てて整理し、議論できる能力が求められるからだ。法律を学ぶと、たしかにそういう能力が身につく。

私は作文は不得手《ふえて》だったが、法学部で学んで以降、文章を書くことを怖いと思ったことがない。この点に関しては、法学部で学んで良かったと思うことの一つだ。

また川島先生からは、「アイディアの独創性は多く類推によって生まれる」ということも学んだ。他で研究されていることでも、自分にまったく関係がないということはない。むしろ役立つことが多い。

私は人の研究発表を聞くとき、講演者には失礼だが、それをちゃんと理解しようというよりも、「この優れた仕事から自分の問題への解決法が見つからないだろうか」という、いわば欲張りの見地から聞く。人の仕事からの類推が役立つことがあるからだ。

私の学んだ東大は一般教育に力を入れており、多角的な視野から教育する教養学部から優れた卒業生を出している。しかし大多数の大学では、入学時に専攻を固定する、いわばタコツボ式の教育が行われている。そうして生まれるのが、旧友・養老孟司《ようろうたけし》氏のいう「バカの壁」である。それが各学問領域の間につくられてしまうのだ。言い換えると「専門バカ」を生み出してしまう。

それに対して、アメリカの「リベラルアーツ（人文科学・自然科学・社会科学）」カレッジの教育では、メジャー（専攻）を自分の適性に合わせて時間をかけて選ぶことができる。専門領域に関する教育の密度に欠けるきらいがあるが、あとになってから、専門外の研究者とも知的興味を持って対話できる能力や、学際的研究能力が養われるというメリットがある。

法学部のあと経済学部に移った理由

法学部で多くを学ぶことはできたが、決してそこに馴染《なじ》めたわけではなかった。

また同級生には、自分が記憶力でも理解力でもまったく太刀打ちできない友人がいた。特に、後に国税庁長官となる角谷正彦《かどたにまさひこ》氏が大秀才で、国家試験や学科などの成績がトップ。成績、公務員試験、司法試験の三冠王と呼ばれた。記憶力だけでなく、理解力や洞察力も抜群だった。

私は官界や実業界に就職するよりも学問をやりたかったので、「こんなに周りができるのに、そこで学問をやる自信はない」と感じた。実は、この書物の元になるような話を始めたのは、東大駒場の同級生の同窓の集まりからであった。角谷氏は、酸素ボンベを抱える身でありながら、一度ならずわざわざ話を聞きにきてくれて、本当にうれしかった。集団的自衛権の法理などをたずねると、立て板に水のごとく、整理の行きとどいた話をしてくれる。

しかし、彼はどちらかというと、金融政策の効果を疑う考えを持っていた。私が本書で批判している人の論文もよく読んでいて、「君の意見と違う」という。同級生は彼の抜群の秀才ぶりを知っているので（私の説明も悪いのだが）、私が五〇年学んできた経済学の知恵をなかなか信じてくれない。どうしたら人に分かってもらえるかをそのとき以来考えた末にしたためたのが、本書というわけだ。

法学部時代の話に戻ろう。学生たちが一様に六法全書を抱え、講義が終わると図書館にこもる姿を見て、経済学部に移ろうと思った。数理的で事実の論理に従う経済学のほうが合っていると考えたのだ。自分がある程度自信のある数理的技法が、どうやら経済学で使われるらしいということも、理由の一つであった。

そこで、卒業すると経済学部に学士入学した。それからは、講義や研究が、打って変わって楽しくなった。当時の父は大学の助教授（教育学）。必ずしも家計は豊かではなかったのだが、経済学部に入り直したいという私の願いを認めてくれた。貴重な知的遍歴を許してくれた両親に心から感謝している。

経済学部では二年間、大石泰彦《おおいしやすひこ》先生（東京大学名誉教授）のゼミに入り、館龍一《たちりゅういち》郎《ろう》先生の金融論の講義も受けた。経済学部が楽しかった理由には、法学部の学生たちのように、試験の成績を一つでも上げようという雰囲気を感じなかったこともある。

当時の東大経済学部で主流だったのは、マルクス経済学。二〇人ほどの教授のうち、近代経済学を教えていたのは、大石先生と館先生くらいだった。

その頃の私はまだ純粋だったから、先生のいうことはなんでも正しいと思ってしまうきらいがあった。マルクス経済学を学んでいると、考えれば考えるほど悩んでしまう。その救いになったのが、大石先生と館先生だった。

「先生にもいろいろな人がいる。時には間違ったことをいうこともある」――そう考えられるようになってからは、ずいぶんと楽になったものだ。

これは、いまの大学新入生に対する私のアドバイスでもある。

国際的だったかつての東大

学生時代に川島先生から学んだことの一つは、学際的な視点から他の学問領域を学ぶことと同時に、外国の学問の仕方を学ぶことが知的刺激になる、ということだ。異なる分野の専門家と交流することは大きな糧《かて》となる。海外では当然、外国語で、時には見ず知らずの人と意見を交換しなければならない。コミュニケーションの力が重要になる。

私はいまでも、あまり英語が得意ではない。これは香港から来て長年の間、私のゼミに出席する努力を続けた関志雄《かんしゆう》氏（野村資本市場研究所）がいうように、「英語を話せない先生が教えているから生徒も話せない」、日本の英語教育のおかげである。

ともかく、イェール大の同僚のウィリアム・ブレイナード教授には、「コーイチは英語ができなくても経済学ができたから、うまくいった例だ」などといわれている。こちらのほうは、当時の東大での優れた経済学教育の賜物《たまもの》だ。

東大は、私が学生だったときから国際化されていた。

先述したように、当時の経済学界には、マルクス経済学者が多かった。いま世界の常識となっている金融政策の有効性を知っている学者が日本に少ないように、世界共通の用語や手法を使える「近代経済学者」も、当時の日本には少なかった。その傾向が、特に東大では著しかった。ただ、近代経済学にも少数ながら珠玉の学者がいたのだ。

当時、大学院生だった根岸隆《ねぎしたかし》氏は、すでに世界的業績を発表していたが、そこは年功序列の世界で、助手や助教授になれる年齢を待っていた。しばらくすると東大は、すでに世界のノーベル賞学者たちを指導していた宇沢弘文《うざわひろふみ》シカゴ大教授を、なんと助教授として呼んだ。小宮隆太郎《こみやりゅうたろう》助教授は、新書『アメリカン・ライフ』（岩波書店）とともに、さっそうとハーバード大学の学問の息吹《いぶき》を伝えていた。

そして私のゼミの指導教官である大石泰彦教授は、当時のしきたりにかまわず英断を下し、根岸院生に大学院での講義を依頼した。私もその講義を聞いた一人だった。

また、私の一生の師となった館龍一郎教授は、留学の際、イェール大でジェームズ・トービン教授に指導を仰ぐよう勧めてくださった。そのことが、私の人生を大きく変えたのである。

残念なことに、館先生は長い闘病の末、二〇一二年二月に逝去《せいきょ》された。日本銀行が（これまでから見れば）大胆な政策変更をする直前である。お世話になった館先生のことは、あらためて次章で述べたい。

巨人トービン先生の教え

経済学部を卒業し、東大大学院の修士課程に進んだ私は、海外留学を目指してアメリカのフルブライト留学制度の試験を受けた。試験の会場は、いまも六本木にある国際文化会館だ。

すると、英語が苦手な私ではあったが、幸運にも合格することができた。中学から大学まで同級生の中村正氏《なかむらただし》（その後日本ＩＬＯ協会会長）も一緒だった。ただ留学してからイェール大学の先生に聞いたのだが、私は奨学金があったから入学できたものの、その順位は最低だったそうだ。経済学者の推薦状ではなく、家族の知り合いのアメリカ軍人に推薦状を書いてもらったのがその理由の一つだったらしい。当時は、推薦者の選び方すらよく分からなかった。

「アメリカに留学するなら、イェール大学に行って、ジェームズ・トービンに学びなさい」という館先生のアドバイスに従い、私は後にノーベル経済学賞を受賞することになる偉大な経済学者に教えを請うことになった。

館先生と同じように、トービン先生も、学問はもとより人柄もプリンシプル（主義や信条）の面でも、本当に立派な学者だった。文字通り、私は敬服の限りだった。「この先生に指導を受けることができて、本当に良かった」と思えた。

ある経済史の先生は、「トービンの学問を論ずるには、ただ講義の内容や論文を考慮するのでは足りない」といっていた。「学生とソフトボールに興じ、学生を自宅に招き、そしてとても大きな犬（ニューファンドランド）を飼っているといったことと、彼の学問は一体となっているのだ」と。

トービン先生との師弟関係のなかで印象的だったことはいくつもある。その一つは、博士論文を書こうとした際のことだ。

トービン先生に指導教授になっていただくことができ、さて自分の論文を書こうという段になった。テーマは国際間の資本移動である。その見通しを述べると、「いいだろう」とトービン先生。

そこで私が、「では文献を調べます」といったところで、とたんにさえぎられた。自分で考えずに文献を調べてはいけないというのだ。

「先行研究を調べすぎてはいけない。君の発想が消されてしまう。あまりすぐに他の人の仕事を見ると、アイディアが枯渇してしまう。まずは精一杯、自分の頭で考えなさい。そのうえで、困ったときに他の人の文献を見ればいい」

まずは自分で考える。自分で考えると、どこかで壁にぶつかる。そうすることで、先人がどのように苦労してきたかが分かる、とも。これは日本にはないやり方であり、非常にありがたい助言だった。

そういう指導を受けているので、私は先行研究を知ることに熱心ではない。もちろん、論文を公刊する前には、先人の業績とどう違うかを調べなくてはならない。時にはそれを怠って、すでに発表されている仕事を二重にしてしまい、審査員に突き返されることもある。だがトービン先生の指導は、自分の発想の持ち味を殺さないために、たいへん貴重であったと思う。

白川日銀総裁の直言

実は、日銀の総裁だった白川方明氏にも、こんなことをいわれたことがある。彼が総裁になる前、親切にも「日本銀行のオペレーションと研究成果を教えてあげます」と、研究会に呼んでくれたときのことだ。

「浜田先生は世界の新しい研究を知らないですね」

普通なら、プロの私が、秀才とはいえ経済学の純粋な専門家ではない彼にそういわれるのは、深刻に受け止めるべきところだ。だが、トービン先生の教えを受けた私には、それほど堪《こた》えなかった。

白川氏の『現代の金融政策』を読んでみると、たしかに内外の研究をよく調べている。しかし丁寧に読んでみると、「日本銀行の信条と、そのときの金融政策を正当化できる文献に関しては実によく調べている」ということがわかった。

私が知っている学生時代の白川氏は、実直で慎重、穏やかな人物だ。また昔から、静かながらもはっきりと自分の意見を表明する人でもあった。

たとえば、私がトービン先生の『マクロ経済学の再検討』を訳した際、「浜田先生は、自分のオリジナルの研究のほうが大事だから、翻訳は絶対にしないといっておられましたが、自分の恩師の著書となると違うのですね」と、穏やかに諭《さと》されたことがある。これは彼の鋭いところだ。また、先輩に対してもはっきりものがいえるのも長所であろう。

さらに、私がそれまで日本で知られていなかった「合理的期待形成理論」の紹介と解説を日本経済新聞の「やさしい経済学」に書いたときのこと。私は、「理論としてはたいへん面白いが、現実には人は理論ほど合理的ではなく、したがってケインズ政策は無効だというこの理論は、現実には当てはまらない」という留保をつけざるをえなかった。

それに対して白川氏は、「外国で流行の新理論は、そういうものとして素直に紹介をすれば良いのに、先生は少し横目で冷ややかに見るような紹介をします。なぜでしょうか？」と、不満を述べたこともある。

ただ、私がケインズ時代に育ったからというだけでなく、金融政策が効かなくなるような真空状態は、現実には起こりえない。リーマン・ショック以後の世界経済は、まさにこのことを示している。

理論は、「流行だから」「新しいから」というだけでは、歴史のテストに耐えられない。

恩師トービンの遺言

トービン先生の話に戻ろう。博士論文がほぼ完成しかけた頃には、こんなこともいわれた。

「君も、自分の仕事をうまく宣伝しないといけないね」

それまでの私には、自分の仕事を宣伝するなどという発想はまったくなかった。しかし、宣伝というと言葉は悪いかもしれないが、仕事は人々に伝わってこそ意味がある。学者も情報産業の構成員の一人なのだ。

これは、謙虚をモットーとする日本人の先生からは、絶対に出てこない言葉だろう。イェール大に留学し、トービン先生に師事したからこその経験だった。

トービン先生には叱《しか》られたこともある。

あるとき「法と経済学」の開祖の一人であるリチャード・ポウズナーという人がイェール大の法学部に講演に来た。「法律はすべて経済学で割り切れる」という極端な主張の持ち主で賛成できないこともあったが、ともかく興味津々《しんしん》の講演だったので、その時間には教授会もあったのだが、私は講演会場に出かけた。そこで引退したあとのトービン先生に出会ったのである。彼の専門ではないが、やはり興味ある講演なのだな、と思った。

そこでうっかり、「たいへん面白そうなので、ひそかに教授会を抜けてきました」といってしまった私。とたんに先生の顔色が変わった。「コーイチ、それはいけない。いますぐ戻りなさい」。学部長も務めた彼には、いくら興味のある講演だからといっても、自分の仕事をおろそかにすることまでは許し難かったのだ。

トービン先生、いや、ここでは普段呼んでいたように、ジムと書かせていただこう。

ジムと最後に会ったのは、私が内閣府の経済社会総合研究所からアメリカに休暇で帰ったとき、彼が亡くなる一年ほど前のことだ。奥様のベティも療養中で、自宅の二階に休んでおられ、「コーイチが久しぶりに来たから会いに降りてくるように」といいながら、ジムは心配そうだった。ベティはラグタイムのピアノ演奏が上手なとても気さくな人で、私も感謝祭のパーティに呼んでいただいたりと、たいへんお世話になった。

このときデフレ気味の日本経済と金融緩和を渋る日銀のことを説明すると、ジムからも、「デフレ時に金融緩和が必要なのは当然だ」という答えが返ってきた。「インフレ目標値を日本銀行に守らせるのはどうですか」と伺うと、「経済論理の分かっている中央銀行には、より金融政策の自由度を与えて、臨機応変にやらせたらいい」とジム。

彼がいったからという理由ではなく、私も、物事が分かっていて政策を自由に決められる中央銀行には、縛りを与えないで自由にやらせればいいと思う。

ただし日本の場合は、「中央銀行は物事が分かっている」という大前提が、そもそも認められないのである。そういう意味で、私は、インフレ目標の設定賛成に変わった。それも一パーセントの「目途」などという曖昧《あいまい》なものでなく、二〜四パーセントのしっかりとした「目標」の設定が望ましいと思う。

ジムと最後に会ってから一年後、東京の内閣府から与えられている公務員マンションの電話が鳴った。同僚のT・N・スリニヴァサン教授からのものであった。

「ジム・トービンが、急にお亡くなりになった。君は特に親しい弟子だったから電話で伝えようと思って……」

一生の師であり、また私が外国に対して適応不順になっているときも励まし続けてくださったトービン先生は、もうこの世におられないのか……電話を聞きながら、心の支えを失ったようで呆然《ぼうぜん》となった。

私がイェール大学に移ってから、適応に苦しんでいることを心配した東大の宇沢弘文先生に対して、ジムは、「コーイチの面倒はちゃんと見るので心配しなくていい」と答えたという話を聞いたことがある。実際、ジムは私の大きな支えだった。

イェールやハーバードの学生の特性

大学での教育、とりわけ日本とアメリカの違いというテーマでは、雑誌「SAPIO」二〇一〇年七月二八日・八月四日号で、私と若田部昌澄教授、勝間和代氏で座談会を行ったこともある。興味深い話題なので、一部を引用しながら振り返ってみたい。

最初のテーマは「日米の学生の違い」であった。

私が両国で教鞭をとった経験から感じたのは、アメリカの学生は個性を重要視するということだ。アメリカで娘が通った幼稚園の園長の第一声は、「子どもは皆それぞれ違う個性を持っていることを知るところから教育が始まる」というものであった。

それとは反対に、日本の学生は、幼い頃から共通の意見や認識、いわばコンセンサスを優先させる。「なるべく波風を立てずに、みんなと合わせましょう」という教育を受けて大学に入ってくるのだ。そういうところから、いま盛んに使われる「空気を読む」という習性も生まれてくる。

そのため、日本の学生からは、独自性のあるアイディアがあまり出てこない。

また、大学に入るまでの違いに関しては、若田部氏がこんな説明を付け加えてくれた。

「たとえば入試のやり方を見ても、AO（アドミッションズ・オフィス）による選抜は、アメリカと日本で方式が異なります。プリンストン大学を目指す高校生がトム・クルーズ主演の映画『卒業白書』にも登場しますが、大学の校友が各地域にいて、大学に入れるべき学生かどうかを日ごろから地元で調査しています」

アメリカでは、校友が入学希望者に会いに行くこともある。ペーパー・テストだけでなく、実際に会うことが非常に重要だと考えられているのだ。

もちろん、ペーパー・テストが軽視されているわけではない。実際、イェールやハーバードといった名門大学にAOで入学する学生は、ペーパー・テストでもほぼ満点を取るような学生ばかり。学力に秀《ひい》でたうえで、勉強以外のさまざまな分野で活躍している人間が評価される仕組みになっている。

「ハーバード白熱教室」の背景

読者の皆さんのなかには、NHKで放送された番組「ハーバード白熱教室」をご覧になられた方も多いだろう。タイトル通り、マイケル・サンデル教授と学生たちが白熱した意見を交わし合う内容だ。そこに出てくる学生たちのレベルの高さ、個性の強さに驚かれた方もいるのではないだろうか。

ただ、そこに登場する「白熱教室」には背景がある。サンデル教授の講義では、学生たちに事前に多くの文献を読ませているのだ。その前提があってこそ、ハイレベルな議論が成り立つのである。

サンデル教授が学生たちに読ませるのは、アリストテレスやカントといった古典だ。電話帳のような分厚い講義用のリーディング・リストがあり、数々の古典の抜粋が掲載されている。「それを読んで、まず自分で考えてきなさい」というのがサンデル教授のスタイルなのだという。

「それが、アメリカの教育の真髄ですよね」と若田部教授。そう考えると日本の学生は、古典を読むこと、自分で考えることという下地があまりない。

若田部教授は、さらにこう付け加えた。

「古典だけではありません。大量の本を読む訓練が日本の学生にも必要です」

アメリカの大学では、一週間に五〇〇ページ、時には一〇〇〇ページの文献を読まなければならない課題が出る。ただ、本当のところをいうと、それをくぐり抜けるためには、「いかに大事でないところを読まないか」ということも必要になるのだが。それも含めて、要点をつかむ訓練は必要になってくる。

速読の技術も重要だ。いわゆるスキム・リーディング（分からないところは飛ばしながら、まず全体をつかむ読書法）である。

たしかに日本の学生には、こうした技術や訓練が足りないようだ。以前、東大法学部でたいへんに驚かされたことがあった。私が一時間ほど話をしたあとで、「今日のお話の『要点』を三つ挙げてください」と聞いてきた学生がいたのである。

「そんなことは自分でやりなさいっ！」

と、これには勝間さんも呆《あき》れつつ大笑い。まさにそのとおりである。

教科書検定の大問題

かつてイェール大には、東大をはじめとして有名私大からも、日本の学生たちが多く学びに来ていた。だが、学生たちで議論させようとしても、日本人学生は貝のように黙ってしまう。

それどころか、最近は日本人留学生それ自体が減っている。特に大学院まで進める学生は激減している。

このような状況は、なぜ生まれたのか。勝間さんが貴重な提言をしてくれた。

「日本の学生の質が低くなっている原因としては、教科書検定の問題があると思います。文部科学省検定済教科書に沿ってカリキュラムを組み、その結果、独自性のある教育はなくなってしまうのです」

そもそも、教科書に「何々を書け、これは書くな」というのは、極めて矮小《わいしょう》な議論だと思っている。

アメリカでは、教科書を出版する会社に自由に書かせている。そして、その是非は、教室のなかで生徒に考えさせるのだ。

「ここにはこう書かれているが、あなたはどう考える?」

そういった形で議論させ、もし正しいと思うなら、その証拠はどこに見つけるのかを述べさせる。アメリカでは、教科書をそのように扱うのである。あくまでも、自分で考えるための材料ということだ。

また、日本の教科書の典型的な問題点は、薄いということ……そう指摘したのは若田部教授である。

そういわれてみれば、アメリカの経済学の教科書は例外なく厚い。サムエルソン＝ノードハウスや、マンキューの教科書も厚い。

「そのおかげで説明が丁寧になされますし、コラムなど、さまざまなかたちで肉付けする余談も載せることができます」

と若田部教授。勝間さんはこう付け加えた。

「サンデル教授のリーディング・リストの話もそうですが、日本ではインプットする情報量が足りない。さらにアウトプットする訓練も足りないですよね」

大量の情報を入れ、しかるのちにその情報をどのようにまとめるか——これが非常に大切な能力だといえる。

アメリカでは、表現力をトレーニングするというエリート教育を行っている高校もある。私の妻も、ニュー・ヘイブン近郊の大学で、コミュニケーションを教えていた。自分の主張をどういう順序で話し、また書けば最も効果的になるかといったことを訓練するのだ。

こうした教育をするかしないかで、コミュニケーションとしての作文力も、日米の学生の間では大きく差がついてしまうことになる。いい高校から来た学生は、そういう点で恵まれていて、報告レポートの書き方がうまい。

エリート間の競争を

日本では、就職活動も大きな問題だ。基本的に日本では、大学三年生の時点から就職活動がスタートする。勝間さんはこう指摘する。

「大学の先生方はみなさん嘆いていらっしゃいます。授業に来ない、ゼミに来ない、と。内定をもらうと、勉強する気もなくなるようですし」

この点も、やはりアメリカとは正反対なのだ。

アメリカでは、六月ごろに大学の卒業式がある。その後、卒業した教え子に会うこともあるのだが、彼らは「これからどこに就職しようかな」とのんびり構えている。いずれ企業に入るにせよ、採用する側も大学での成績を真剣に見るから、まずは大学で優秀な成績を収めることが重要なのだ。卒業すればいい、というわけではない。

日本では大学が、知的創造、知的トレーニングの場として認められない時期があった。その風潮がまだ続いており、大学教師が知的付加価値をつける教育をするという意識が低いのかもしれない。

「大学は入試というセレクションに合格しさえすればいい。その次は就職のことを考えよう」というかたちで、大学でどんな勉強をするかは度外視されていないだろうか。

「結局、日本にはエリート間の健全な競争がないといえます。いったんエリート層に入ってしまうと競争しなくて良い仕組みが多すぎるのが問題ではないでしょうか」と勝間さん。官僚、一流企業、あるいは一流大学……どこに入ったとしても、入りさえすれば健全な競争がなくなってしまうという。

私も、なぜ日本の大学院の学生は成長しないのだろうかとかねがね不思議に思っていた。その疑問を、日米で活躍している数人の学者に聞いてみたところ、答えは「学生に競争をさせないからでしょう」というものであった。

アメリカでは、一流学者は優遇される。一人前の経済学者と認められるかどうかで待遇が著しく違ってくる。だから学生は皆、必死だ。

一人前と認められるかどうかで大きな差が出てくるのだから、一生懸命に勉強して当然である。いわば、ハングリー精神が自然に養われる。

それがないのが日本の問題点だといえるだろう。それどころか、勝間さんも指摘したように、日本では競争そのものが悪いことだと思われている節もある。

アカデミックな素地のない政治で

そう考えると、やはりこれは教育だけの話ではなく、日本社会全体の問題ということになってくる。

大きな問題は、アカデミズムと政策の分離だ。

本書の大きなテーマにもなっているように、日本では最新の経済理論、日進月歩のアカデミズムを活用した政策がなされていなかった。その結果、「世界の常識は日本の非常識」ということになる。「日銀流理論」はその典型だ。

日本経済復活の道は、マクロ経済の運営に、「世界の常識」を当たり前のように取り入れることである。野党になった自民党も、アカデミックな素地が充分でないゆえに、民主党をしっかりと批判することができなかった。

日銀総裁の責任が問われないまま、任期中の五年間、国民の意見がフィードバックされない日銀のシステムが、そもそも問題なのかもしれない。

もちろん、総裁であった白川方明氏に同情する部分もある。彼は学者だけを相手にしていたわけではないし、世界を飛び回りつつ、日銀内の行政処理もしなければならなかった。日銀内部に、彼よりもさらに強固で激しい「日銀理論者」もいた。

「日本の場合、特定の組織が強いということは、裏返せば、アカデミズムの力が弱いのかなと感じます」という勝間さんの言葉を、私もそのとおりだと思う。

第五章　二月一四日の衝撃

赤門へのセンチメンタル・ジャーニーで

この章では、まず二〇一二年初頭の日本での体験を述べ、それを二月一四日、バレンタインデーに実施された日銀の政策変更へのプロローグとしたい。

——二〇一二年の一月から春先にかけて、私は、「安倍フェロー」として東京大学経済学部を訪れた。久しぶりの「里帰り」、それは赤門へのセンチメンタル・ジャーニーでもあった。

宿舎は山上《さんじょう》会館の龍岡門《たつおかもん》別館。天皇陛下が入院されていた東大病院の建物の隣だったから、大学内外の路上には、陛下のご健康を案ずる人や、見舞い客を写真に撮ろうとする人々が何人もいた。

その光景は、軍国主義時代だった私の幼時の記憶とは違っていた。しかし、張り出された東大合格者の番号に見入る若者の列もあり、そちらの光景は、「自分にもこういう時代があったのだなあ」と、長い間忘れていた昔のことを思い出させてくれた。

寒い冬だったせいか、何人かの親戚や知人の方が亡くなった。慶弔に淡白なアメリカに住んでいるからだろう。彼らを弔《とむら》う経験は、人生のなかでもひときわ印象深いものになった。

最初に出席した葬儀は、横浜国立大学附属中学で私の一年後輩だった民主党議員・大石尚子《おおいしひさこ》さんのものであった。私が埼玉県熊谷市から神奈川県の鎌倉市に転校してきたときに出会った彼女は、典雅にして大秀才、しかも指導力のある、まばゆいばかりの才媛《さいえん》であった。当時、彼女に憧《あこが》れたのは私だけではないだろう。

政治家になられたあと、私が内閣府に勤めた時代に何度かお会いした。大石さんの同僚で、リフレ派として活躍する民主党・金子洋一《かねこよういち》議員とともに議員会館の食堂で行き逢ったのが最後だったが、大石さんはとてもリラックスした様子で、少し若返ったようにも見受けられた。

それが突然の悲報である。通夜にうかがったのは、昔からよく知る鎌倉。驚いたのは、彼女が司馬遼太郎の『坂の上の雲』の主人公の一人、日本海海戦を勝利に導いた秋山真之《あきやまさねゆき》のお孫さんであったということだ。

そのような御祖父が大石さんにいたとは、つゆ知らなかった。生前にうかがっていたら、その話もぜひしてみたかったのだが……。

反リフレ派の畏友の死

加藤裕己《かとうひろみ》さんも、人生において忘れがたい人物の一人だ。私が内閣府経済社会総合研究所の所長として勤め始めたとき、宇沢弘文ゼミなどで顔見知りの加藤氏が統括主任研究官として補佐してくれることになった。私には役人の経験がなく、いささか不安も感じていたので、本当にほっとした。

所長時代の私の精神衛生は、彼に相談することで保てたといってもいいだろう。私が内閣府時代の記憶を随筆風に書き綴《つづ》った原稿を出版しようとした際も、彼に事実関係のチェックをお願いした。彼は実に丁寧なチェックと、貴重な意見を述べてくれた。

加藤さんとは、人口と成長との関係についての英文の編著も公刊できた。当時、日銀審議委員だった須田美矢子《すだみやこ》さんたちと、加藤夫人のピアノ演奏会に出かけたのも懐かしい思い出である。

ちなみに、内閣府や経済官庁の公務員は、パリのOECD（経済協力開発機構）に出向することがあり、そこでワイン通になって帰ってくる人も多い。研究所次長を務めた牛嶋俊一郎《うしじましゅんいちろう》氏、OECDの事務次長を務めた元財務官の玉木林太郎《たまきりんたろう》氏といった人たちは、私にフランス・ワインの手ほどきをしてくれた。加藤氏もその一人だ。最近ボストンの書店で、ナタリー・マクレーンの『赤、白そして酔いだくれ（Red, White, and Drunk All over）』を見つけた。普通のワイン本は、味を楽しむためのもの。または、ワインを買っておいて儲けるために、「どういう格付けのどういうワインを買えばいいか」を説明する。しかしこの本は、商戦に勝ち抜くために、フランスのブドウ栽培者や醸造家たちが、いかに格付けの権威を利用するか、あるいは新興ワイン産地が近代科学の粋を使ってどうボルドーの老舗《しにせ》に対抗するかなどが書いてある。いわばワイン格付けの政治経済学、社会学の本といえよう。

この本を読み、私は、「債券を勝手に格付けすることにも大きな利権があるのだから、債券格付けの政治経済学に関する本も書かれていいのではないか」とも思った。

拙著の原稿チェックのお礼もしていなかったので、この本を加藤さんに手渡そうとして電話したが、連絡が来ない。どうしたのかなと思っていたら、奥様から「主人は亡くなりました」という青天の霹靂《へきれき》のお知らせを受けた。彼はまだ六四歳だった。まだまだ働ける年齢だ。このような葬儀に列するのは、本当につらいものだった。

加藤さんの葬儀では、須田美矢子さんから、「本当に悲しい。浜田さんも、裕己さんがいたから、慣れない内閣府の仕事がうまくいったのですよね」と話しかけられた。「私も悲しい。彼がいなかったらたいへんだった」と答えた。

ただ、私と加藤氏とでは意見が違う部分もあった。私が内閣府に赴任したとき、すでに日銀はゼロ金利解除の愚策を行っており、私は岩田規久男氏をはじめとするリフレ派の意見に同調していた。一方、加藤氏は、経済企画庁に根強い伝統の反数量説の下で、フリードマンやマネタリズムを嫌う宇沢先生（私のかけがえのない恩師でもあるが）に影響されてか、金融緩和で日本経済を立て直せるとするリフレ派には大反対、須田さんの（私から見たらまちがった）意見に肩入れしていた。

こういうことを思い出すと、須田さんと葬儀の席で会話をしながらも、内心では複雑な思いがあった。しかし加藤氏への感謝は尽きない。

「ゲーム理論」に導いたアドバイス

そして二月一一日、今度は、私の一生の師であり、『金融』の共著者でもある館龍一郎先生の訃報《ふほう》に接した。

日銀の金融研究所長だった髙橋亘氏《たかはしわたる》（現・大阪経済大学教授）が、「近親者のみのお通夜ですが、浜田先生がせっかく帰国しているのだから出席されてもいいでしょう」と、親切な取り計らいをしてくれた。斎場は、優しいおじいさんを失ったお孫さんたちの涙でいっぱいだった。

学生だった私がいつ頃から館先生とお話しするようになったか、はっきりとは覚えていない。ただ、一九五九年度の講義案の初めに引用された言葉は、いまでもよく覚えている。

「この門より入る者は一切の望みも怯懦《きょうだ》（おそれ）も捨てよ」（ダンテ『神曲』）

金融論の研究も、それに基づく政策提言も、多くの国民の生活を左右するものだ。したがって、それは真剣な、いってみれば命がけの仕事となる。

館先生は、ダンテの言葉を、「自分の意見が正しいと思うなら、相手が権力者だろうと学界の権威だろうと恐れず主張する覚悟を持て」という意味で引用されたのだろう。政府や日本銀行と論争することもある現在の私にとって、あらためて勇気を与えてくれる言葉である。

最近、洋子夫人から、先生が苦労して講義案をつくっていたことをうかがった。真剣に選び抜いた言葉であるからこそ、我々の心に響き、ずっと刻まれ続けたのだろう。

館先生は温厚な紳士として知られていたが、自らが信じるところについては、常に平明かつはっきりとした言葉で相手に伝えようとされていた。全人格で人を納得させる説得力もあった。

私はどちらかというと理屈に頼りすぎ、つい議論に角が立ってしまう。生前の館先生から、平明に相手を説得する秘訣《ひけつ》をもっと学んでおけたら良かったのにと思うと、残念でならない。

もう一つ、私の学者としての道筋を示していただいた先生の言葉がある。イェール大留学から東大に戻り、助手終了のための論文を書き終えたとき、先生は大学の隣にある学士会館へ食事に誘ってくださった。

当時の私は、理論の仮定をより現実的なものに修正して、その結果を確かめるという研究をしていた。人の仕事を手直しし、精緻化《せいちか》するような作業だ。

これを見た先生は、食事の席で、「皆が平面しか見ないところに垂直の棒を立て別の次元を作り上げるような仕事をしなければ、インパクトのある理論にはならない。宇沢君の仕事を見習いなさい」という助言をしてくださった。また、「オリンピックのように、外国の雑誌に日本の旗を掲げるような仕事も必要ではあるが、経済学の展望を広げるような仕事も目指しなさい」とも。

先生の言葉をそのまま実現することはたいへんに難しい。だが振り返ってみると、これは私の学者としての人生を導く大事な道標になっていた。以前は抽象的な理論としてしか議論されていなかった「ゲーム理論」を、国家間の利害関係が絡む具体的な国際金融の現象に適用しようと挑戦したのも、先生のアドバイスがあったからこそだ。

増税で財政再建は絶対不可能に

館先生とは「郵貯論争」についての話もした。小泉内閣による郵貯改革以前、日本の金融仲介は、銀行を通して行われるべきか、郵貯もその重要な役割を担うべきか、という議論があった。それが、いわゆる「郵貯論争」だ。銀行と郵貯、どちらの水路に資金という水を流すべきかという論争である。

「こっちの水は甘いぞ」ではないが、結局は、銀行も郵貯も、自分の縄張りに水を流したい。「その奪い合いはゼロサム・ゲームなのではないでしょうか」——そう聞くと、館先生はこういわれた。

「郵貯論争を、権益を奪い合う現象として扱うのは、どちらかといえば政治学の対象になるね。経済学の立場で考えるべきは、どちらの水路に流せば社会全体の富が増えるか。そう考えればゼロサム・ゲームにはならない」

この考え方は、消費税の議論でも成り立つ。以下は館先生の意見そのものではなく、やや我田引水的になるが、まず、国債に頼る財政運営は、将来世代からの税収に頼る自転車操業であり、それは望ましくない。

比較的資産を多く持つ国民に対して増税し、財政当局に富を移転しようとする主張は分かる。しかし増税は、特にその増税幅が大きいときには、消費者も生産者も損をして、社会全体のパイを減らしてしまう。

しかも政府の諸試算では、財務省が国民からどれだけ巻き上げるかしか考えず、消費税による社会全体の損失がほとんど計算されていない。

一方でデフレ脱却は、失業や倒産を減らして、社会全体のパイを増加させる。つまり金融緩和でデフレを脱却し、潜在成長経路に近づけてから、消費税その他による増税と財政均衡化を図るのが正しい順序なのだ。

先に消費税率を上げるのは、順番が違う。その結果は経済を低迷させるだけである。財政再建自体も実現できなくなるのは間違いない。

日銀の金融政策による民間の苦しみ

こうした館先生の思い出は、先生の追悼号となった東大経済学部の同窓会誌「経友」二〇一二年六月号に、貝塚啓明《かいづかけいめい》教授や日銀の白川総裁による追悼の記とともに、私が寄せた小文でも書いた。

そこで面白い発見があった。館ゼミの大先輩であるダイドーリミテッド相談役の羽《は》鳥嘉彌《とりよしや》氏が、館先生が実は「インフレ目標」論者であったことを書いておられるのだ。しかもその理由は、「世界の奇跡といわれた日本の高度成長期は、いずれの年も緩やかなインフレだった」という、きわめて真っ当なものである。

羽鳥氏の「経友」の追悼文から一部を引用しよう。日銀の金融政策の影響を受けた民間セクターの苦しみをよく記述している文章でもある。

〈館先生について思い出すことの三つ目は「インフレ・ターゲット」であります。日本経済のバブル崩壊後、政府日銀の採った金融政策は、需要の回復を目指した低金利での金融緩和であったと思います。私の予想ですが、当局は短期、少なくとも中期には政策効果が上がり、デフレ局面は収束する予定だったと思います。意のままにならず、ゼロ金利となっても、二〇年も続けざるを得ないデフレ経済に落ち込まざるを得なかったとは、思いもよらないことであったと思います。売れる土地を思い切って売り、財務を改善し、生まれた融資金の運用の上でも、また年金基金、期待される運用益五・五パーセントと国債の金利一パーセントの乖離《かいり》や矛盾の企業負担は由々しい問題であり、先行きはどのようになるのだろうと思いあぐね、卒業四〇年後、初めて先生の研究室を訪れました。その折、先生曰く、「日本経済は長い間一貫してゆるやかなインフレに慣れ、成長を続けてきたのであり、その軌道を回復するためには、金融

当局が緩やかなインフレ・ターゲットを表明する必要があると思う」と〉

すでに述べたように、フルブライト留学生としてアメリカで学ぶ機会がやってきたとき、館先生はイェール大学に留学するのを勧めてくださった。

「イェールにはケネディの大統領諮問委員だったジム・トービンというすばらしい先生がいるから、彼に指導してもらいなさい」

それが館先生の言葉だった。館先生は、トービン先生の学問だけでなく、その経済政策観、人柄のすべてに惚れ込んでいた。トービン先生に親しく指導を受ける幸運に浴したことで、私の学者人生は大きく開けた。それも館先生のおかげだ。

ただ二〇年後に、私が教師として東大からイェール大学に移ることを決めたことで、館先生をがっかりさせてしまった。これは一番の「親不孝」だったと思う。

日本のシステムでは、研究者を若いときに研究させ、そののちに教育や大学学務で恩返しをさせるというサイクルになっている。せっかく育てた弟子、つまり私が突然いなくなることは、館先生にとって想定外だったはず。いまでも申し訳なく思っている。

それでも、館先生と疎遠になってしまうことはなかった。外国でやや適応に苦しんだ私が一時帰国した際にも、先生は温かく慰めの言葉をかけてくれた。

奥様から、先生はクラシック音楽がお好きだったと聞いた。特にブルックナーの交響曲九番がお好きで、内輪の告別式には、それが流されていた。

私も音楽が大好きだ。しかし、いくら音楽好きでも、ベートーベンやブラームスはともかく、マーラーそしてブルックナーともなると、何番がどんな曲か識別不可能になってしまう。つまり、ブルックナーが好きな先生は、それだけクラシック音楽に造《ぞう》詣《けい》が深かったのだ。

先生と私は、いつも経済学や政策のことばかり話し合っていたわけではない。それなのに、音楽談義をした記憶がないのが不思議だ。

お通夜の翌日に起こったサプライズ

お通夜には、日銀副総裁の西村清彦《にしむらきよひこ》氏も見えていた。優れたミクロ経済学者で、以前は東大の同僚として経済学を議論した仲間である。久し振りに昨今の金融政策について意見が交わせるかなと期待していたが、通夜が終わると、彼の姿はなかった。それが当然だったことに気づいたのは、その翌日である。

私は東大病院の近く、龍岡門のそばの学内に寄宿していた。翌日、つまり二月一四日、宿の隣にあるコンビニエンスストアの夕刊に目をやると、夕刊各紙の一面に「日本銀行インフレの目途を設定」という見出しが掲げてある。

私は目を疑った。とっさに感じたのは、「岩田規久男さんや我々が長い間苦労したかいがあって、『金融政策が効く』という主張がやっと聞き入れられたのか？」ということだ。

この二月一四日の決定は、日本銀行が円を豊富に供給し、将来も供給し続けるという期待を市場に与えた。これが充分に続けられるのであれば、たしかにこの金融政策は合格点である。だが……。

天岩戸神話によれば、天照大神《あまてらすおおみかみ》は弟・須佐之男命《すさのおのみこと》の乱行に怒り、岩戸のなかに隠れてしまった。そのことで世界中が真っ暗になった。神々が相談して岩戸の前で（ストリップまがいの）歌や踊りで笑い声を立て、不思議に思った大神がちょっと下界をのぞこうとした瞬間、力自慢の神が岩戸の扉を開け放ったという。

この神話にたとえれば、バレンタインデーの政策変更は、岩戸がかすかに（一パーセントだけ）開かれたようなもの。下界の人々は日の光を喜んだ。にもかかわらず、その後の講演や談話における白川日銀総裁の言葉は、「太陽のわらわが顔を出しても世の中は明るくならない」といっているようなものだった。

これでは、日銀の本心がどこにあるのかが分からなくなる。つまり、本心から改心して優しい女神となったのか、それとも見せかけの優しい仕草を見せただけで、やはり厳しいままなのか、ということだ。

もし前者、すなわち日本銀行が本当に世界の金融論の伝統、国際金融論の正道（それはかつて総裁自身も信奉していたものだ）に戻ったということならば、これほどうれしいことはない。いつも私に「今度の政策は合格点か？」と聞いてくるジョルゲンソン教授にも、「イエス。シラカワは私のいうことを聞いてくれた」と答えることができると思った。

しかし残念ながら、そうではなかった。バレンタインデー以降、実質的には、追加的な金融緩和は行われなかったのだ。

東日本大震災後の金融緩和があったせいもあるが、三月と四月のマネタリー・ベースの伸びは止まっていた。インフレ「目途」によって、やっと八〇円台前半に下がった円・ドルレートも、七〇円台後半に逆戻りしてしまった。この三年前には一ドル一〇〇円を超えていたわけだから、産業界のハードルの高さは変わっていない。

ゼロ金利のもとでは、金融の量的緩和は有効とはいえ、効果が弱くなる。効果を強めるには、人々に通貨にしがみつかせないため、「期待」に働きかける必要があるのだ。

バレンタインデーの政策変更は、「期待」に働きかければ金融政策が有効だということを示してくれた。だが日銀は、物価上昇の目標を「目途」と名付けることで、人々が充分に信じないようにブレーキをかけたといえる。そしてそれ以後、追加金融緩和のフォローアップも充分ではなかった。

日銀が本気だと主張するならば、デフレや円高のトレンドが反転するまで、ドルが少なくとも九〇円台になるまで力を入れてほしかった。こうなると、日銀の本心は変わっていないと見るしかない。

いま、心ある政治家からは、日本銀行法改正の声が上がっている。それもあって、日銀はデフレ対策にも真剣であるようなジェスチャーを見せたのではないか。そしてそのことで、日銀法改正をやめてもらう免罪符にしようとしたのではないか。

しかし、本心としてはデフレを保っておきたい。そのためにインフレ「目途」を一パーセントにとどめた。あまり効きすぎると、いままでの日銀の政策が間違いだったことが分かってしまうからだ。

二〇一二年三月以降、緩和を積極的に続けなかったことには、そんな背景があるのだろう。髙橋洋一氏がいうところの「過去の誤りは認めたくない」という官僚的な思考だ。

日銀が国民のお金で立てる案山子とは

まったくの糠喜《ぬかよろこ》びだった日銀の政策変更……そうなる予感はたしかにあった。

第一の不安要因は、白川総裁の意識そのものだ。「新しい政策は政治的圧力によったものではない」といいながら、一方で以前と同じ「金融政策がデフレ解消に効くとは限らない」という世界孤高の日銀流理論を繰り返したのである。

日本を代表するマクロ経済学界のホープ、プリンストン大学教授の清滝信宏氏は、「リーマン・ショック後の大胆なFRBの拡大政策によって、世界は大不況から救われた可能性が強い」という論文を書いている。そんな現状があるにもかかわらず、日銀総裁は、あえて「FRBの金融政策が世界経済を誤らせるおそれがあった」という趣旨の講演を行った。

残念ながら、大恐慌時代の蔵相、井上準之助の説いた、「清算主義（銀行の倒産を不良企業を整理する好機と捉えること）」の伝統が総裁の頭のなかに生きているとしか思えない。二月一四日の政策変更、バレンタインデーの贈り物は、やはり「義理チョコ」だったということだ。

さらに日銀は、先述のとおり、「人口減や人口構成の変化がデフレを招く」という、普通の経済学ではとんでもない俗論を研究するための国際会議を開いてもいる。これは、いわば案山子《かかし》のようなものだろう。日銀への批判をそらすために、別のところへ標的を変えさせるのだ。しかも、広義の意味では国民のお金を使って……。

そう、田畑の収穫物が狙われないように農家が案山子を立てるがごとく、「生産人口の減少が悪いのです」と日銀は主張する。つまりは「悪いのは日銀ではありません」というわけだ。

私が五〇年にわたって真剣に学び、研究した経済学において、人口減はインフレ要因にはなってもデフレの要因にはならない。万が一、人口減がデフレの原因だったとしても、それを直すことは困難で、しかも二〇～三〇年かかるのは先述したとおりだ。

日銀が「財政事情が悪くなる恐れがあるから金融緩和ができない」というのも、案山子の一つといっていい。

そもそも、財政は日銀の主管分野ではない。患者が胃の病気に罹《かか》っていると分かっているのに、そして自分が胃の専門医なのに、「治療すると心臓が悪くなる」と、心臓の医者を慮《おもんぱか》っているようなものだ。

本心ではデフレを解消したくない日銀

二〇一二年二月一四日に発表したインフレ「目途」に真面目に取り組んでいたのなら、日銀はマネー・サプライや買いオペの量を増やす、あるいは買いオペ債券の構成を変えるなどしていたはずだ。そのことがデフレ退治につながる。

しかし、二〇一二年三月と四月のマネー平均残高は、むしろ前年よりも減少していた。

「二〇一一年は、東日本大震災があったために貨幣を増やしたので、今年はそれを回収しているのです」と日銀は答えるかもしれない。しかし日本のデフレ解消のためには、それは役立たない。

日銀は「七月と八月はマネーを増やしています」と反論するかもしれないが、事実としてバレンタインデーの政策変更以後、変化していない。日本経済の体温というべき株価も円レートも、元に戻ってしまったのだ。もちろん、デフレが解消する気配もなかった。

なぜ、そのようなことになってしまったのか——。

バレンタインデーの政策変更が、短期間ではあれ効果があったのは、「日本銀行のスタンスが変わった」というマインドが市場に広まったからだ。日本がデフレを脱却できるような政策を日銀が示したことで、円の価値が下がるのではないかという「期待」を市場参加者が持ったのである。

ところが、その後の白川総裁の内外講演やスピーチからは、「日銀はデフレを解消できるわけではない」という本音が衣の陰の鎧《よろい》のように見え隠れしていた。結局、市場参加者は、「日銀法改正の動きもあるから、いやいや政策変更しただけなのだな」と、見透かしてしまったのである。

また、日銀が本気でインフレ「目途」を達成しようとしていたなら、二月の政策決定会合だけでなく、その後の政策決定会合でも、積極的な金融拡張を続けたはずだ。しかし、繰り返しになるが、二の矢、三の矢は放たれなかった。

一パーセントの「目途」で効果が薄いのなら、アメリカに従って二パーセントにすれば良かった。買いオペの量の増加や対象証券の選択など、いくらでも手段はあったはずだ。だが、日銀は動かなかった……。

これまで日本を、デフレ、円高、不況に導いてきた日銀も、バレンタインデーには少しだけ歩む方向を変えたように思えた。これは、アメリカＦＲＢの動きを参考にしたものかもしれない。

だがやはり日銀は日銀であり、以前のまま「デフレの番人」（岩田規久男氏）であり続けたかったのだろう。

それが分かってしまうから、市場がデフレ解消の期待を持つこともできなくなった。結局のところ、日銀は本気でデフレを解消しようとは思っていなかったのだ。

日銀の金融政策で失った税収三一兆円

日銀の政策が、自分たちの都合や面子《メンツ》、利害を優先したものだとは、海外の学者たちには想像もできないことだろう。

「日銀のマネタリー・ポリシーはプアだ」

髙橋洋一氏は、プリンストン大学留学中に何度もそう聞かされたという。「プア」には貧しいというだけでなく、下手だという意味も込められている。

とりわけ非難の声が多かったのは、二〇〇〇年八月のゼロ金利政策の解除だ。ポール・クルーグマン教授にいたっては、ヨーロッパから髙橋氏に「これは失敗する」と、わざわざメールしてきたという。

――日銀のデフレ対策は、世界の心ある経済学者の笑いものになってしまったということだ。

日銀がマネーを増やしてデフレを解消し、緩やかなインフレ状態にもっていかない限り、日本経済は復活しない。それをすることなくゼロ金利を解除してはいけない。それが、海外の学者たちの統一した意見だったのである。その見方が正しかったことは、その後の日本経済が証明している。

日銀が適切な金融政策を行っていれば、おそらく二パーセント程度の緩やかなインフレになっていただろう。そうしてデフレを脱却していれば、実質成長率も二パーセント上乗せされていた。そのことによる税収増は、なんと三一兆円——財政再建に大きく貢献していたはずである。

しかし、日銀には極端なまでにインフレを嫌う、いや恐れるDNAがある……。

インフレを恐れる不条理な理由

日銀の大きな問題の一つは、インフレに対する姿勢とデフレに対する姿勢がまったく違うことだ。

インフレに対しては「これはたいへんなことだ」と大騒ぎするわりに、デフレに対しては何事でもないかのようになんら対応せず、黙認する。

これは、先述した、天下り先にもなる短資会社の利害が関係しているのかもしれない。日銀マンは、天下りを送っておきながら、「短資会社のような小さな利益で日銀が動いていると思いますか? いままでの低金利で短資業者は日銀を信頼しなくなった。短資会社の近くに行くと、日銀マンは石を投げられるのですよ」などという。笑止千万だ。あるいは、デフレによって相対的に利益を得る富裕層の人々、それに近い日銀幹部のセンチメントを反映しているのかもしれない。

日銀はインフレに対するトラウマが非常に大きい。そう指摘するのは、若田部昌澄教授だ。そのトラウマとは、どのようなものか。『日本銀行百年史』の序文にある、当時の総裁だった前川春雄《まえかわはるお》氏の記念講演では、こんなことが語られている。

「日本銀行の使命は、通貨の安定である。そして日本銀行の創設は不換紙幣の乱発によって進行していたインフレーションを収束させることを大きな目的としていた」

つまり日銀は、その創設当初からの目的を、「インフレとの闘い」と自己定義しているのである。

日銀は戦前、軍国主義路線に従って国債を際限なく引き受けた。そのため、終戦後の日本は深刻なハイパー・インフレに見舞われている。そのときの屈辱や敗北感が、日銀にとって長年のトラウマになっているのであろう。

また一九七〇年代前半にも、オイルショックによってかなり激しいインフレーションが起こっている。いわゆるサプライサイドの急変に端を発したインフレだが、実際には、過度の金融緩和政策にオイルショックが拍車をかけたものだという小宮隆太郎教授の批判が正しい。

一九七四年に大蔵省出身者として日銀総裁に就任した森永貞一郎《もりながていいちろう》氏は、当時の福田《ふくだ》赳夫《たけお》首相に対して、このような指摘をしたそうだ。

「マネー・サプライ、銀行貸し出しの動向に留意して、万一危険ラインを超えそうであったら、たとえ不況下であっても、機を失わず金融の引き締めを行う。そして、二度とインフレを起こしてはならない」

インフレと闘うことこそが仕事――日銀はそう思い込んでいる。それが、二〇一二年二月一四日、一パーセントのインフレを「目途」とする政策に踏み切った際にも「インフレ目標」あるいは「インフレ・ターゲット」という言葉は決して使おうとしなかった理由である。彼らのDNAにとって、インフレが「目標」になることなど、あってはならないのだ。

インフレになる心配はゼロでも

日本経済は、過去に国民が苦労を重ねて築いた生活水準や文化水準の上に立つことで、安全かつ豊かな生活をかろうじて保っている。決して、現在の資本設備や人的資本などを充分に使って生産や消費活動を行っているわけではない。先進国となってから年月が過ぎ、GDPの成長率がやや衰えるのはやむをえないが、稼働率や生産の伸びに関していえば、日本は世界経済の劣等生である。

すでに述べたように、マクロ経済における日本の際立った特徴は、デフレと円高、そしてそれをもたらした緊縮金融政策だ。この緊縮金融政策を支えているのが、一九九七年に成立し、九八年に施行された新日本銀行法（以下、新日銀法）である。新日銀法では、超緊縮的な金融政策のためのインセンティブと権限が与えられている。この法律を変えなくては、つまり日銀を法で縛らなくては、日本は不況から立ち直れないのではないだろうか。

旧日銀法は、戦時中にできた統制色の強い法律だった。第一条には「日本銀行ハ国家経済総力ノ適切ナル発揮ヲ図ルタメ」と記されており、第四二条には「日本銀行ハ主務大臣之ヲ監督ス」とある。ここでの主務大臣とは大蔵大臣。つまり旧法では、戦費調達すら内閣の意思で日銀に強いることができたのである。第四七条によれば「日本銀行ノ目的達成上特ニ必要アリト認メルトキ」には、内閣が日銀総裁を解任することもできた。

大蔵省の監督下にあった日銀では、総裁に、しばしば大蔵省出身者が就任した。とりわけ、物価安定と景気のどちらを取るかを決定する際の総裁は、大蔵省出身者が多かった。

大蔵省出身者は、物価の安定と景気とでは、景気を重視する。たとえば、澄田智《すみたさとし》総裁（一九八四〜八九年）は、一九八五年のプラザ合意の後遺症である円高圧力に抵抗しようとしてマクロ拡張政策を採り、その行き過ぎで、土地や資産価格の高騰を放置してしまった。

先述したインフレを恐れるDNAに、澄田総裁の政策に対する反動もあって、日銀幹部は、インフレやバブル放任になりがちな政策をより敵視するようになる。その代表格であった三重野康《みえのやすし》総裁（一九八九〜九四年）は、引き締め一途に走った。そして、その伝統を日銀は守ろうとしたのだ。だが、それもまた行き過ぎたのである。

デフレ状態の景気沈滞が一五年も続いた現在、インフレになる心配は、直近ではまったくない、ゼロである。それでも、日銀はインフレを敵視するのだ。日銀は、羹《あつもの》に懲りて膾《なます》を吹いているのである。

日銀は法で縛るしかない

現在の新日銀法は、日銀の独立性を保障している。第三条一にいわく、「日本銀行の通貨及び金融の調節における自主性は、尊重されなければならない」——財務省の指示に嫌々ながら従ってインフレやバブルを放任してしまわないように、という狙いだ。

日銀法が改正された当時は、中央銀行の独立性がマクロ経済の安定に役立つという研究結果も多かった。また、役人への接待スキャンダルが多く報じられてもいた。大蔵省への風当たりは強く、日銀に対して金融政策の独立性を譲ることにも抵抗できなかったのだろう。

日銀法改正には、当時の大蔵省の思惑に左右されすぎた金融政策の問題点を是正する効果が、たしかにあった。日銀の会合や、総裁あるいは政策審議委員の講演等、金融政策のあり方がガラス張りになった点も評価できる。その代わり、今度はあまりにも日銀に権限を与えすぎてしまったのである。

ほとんどの国では、金融政策の目標として、経済成長の促進と完全雇用の維持などが定められている。中央銀行に自主性が与えられるのは、それらの目標を達成する手段として何を選ぶかにおいてだ。

だが新日銀法のもとでは、手段だけでなく、目的すら日銀が勝手に決めることができる。それが「独立性」とされているのだ。しかも、その結果について責任を問われることもない。

「日本銀行は、通貨及び金融の調節を行うに当たっては、物価の安定を図ることを通じて国民経済の健全なる発展に資することをもって、その理念とする」（改正日銀法第二条）

つまり、目標としては物価安定が掲げられているが、成長や雇用を目標にせよとは書いていない。「国民経済の健全なる発展」は、あくまでも物価の安定を通じて達成されるという理屈である。

「日本銀行は、その行う通貨及び金融の調節が（中略）政府の経済政策の基本方針と整合的なものとなるよう、常に政府と連絡を密にし、十分な意思疎通を図らなければならない」（改正日銀法第四条）という規定はあるものの、これだけでは、日銀が「デフレの番人」であることを止めるには不充分だ。

日銀は、金融政策が物価に効くという、経済学の「米の飯」ともいえる大原則を認めようとしない。あるいは、認めていても金融緩和政策を採ろうとしない。そうである以上、日銀の政策に何かしらの「たが」をはめる必要があるのではないか。少なくとも、日銀の採る金融政策のインセンティブを変えさせ、日本銀行という組織以外の利益、すなわち国民全体の成長や雇用を考慮させなければならない。必要なのは日銀を法で縛ること。そう、再度の日銀法改正だ。

改正の要点は、すでに民主党若手の有志議員や、山本幸三氏など自民党の有志議員が、的確に論じている。

一　「雇用の維持」を日本銀行の政策目標にする。
二　日本銀行に金融政策の成果について責任を持たせる。
三　政府が日銀にインフレ目標を設定することを義務づけるようにできる。

まずは、以上のような改正が必要だろう。日銀に正しい金融政策を採らせるようなインセンティブを与えるには、日銀法改正が不可欠なのである。

日銀審議委員制度が機能しないわけ

大蔵省の支配下でインフレを阻止できなかったというトラウマがある日銀にとって、一九九七年の日銀法改正で独立性を獲得したことは、非常に大きな出来事だった。念願がかなったといってもいいだろう。

だが、独立性が行き過ぎた結果として、日銀は誰に対しても責任を負わなくなってしまった。そして、「デフレの番人」、もしくは「デフレの守り神」のような決定を続けてきた。

新日銀法成立の際、その立案者は、新たにできる「政策委員会」が国民代表の監視役となることを期待したのかもしれない。日銀の政策を決めるのは、厳密には、日銀総裁ではない。政策委員会の多数決によって決まるのである。ただ、その議長は、日銀総裁が務めることが多いのだが。

中原伸之氏が政策委員会の審議委員であったときには、円高論者でデフレ政策を推進した速水優総裁による「ゼロ金利解除」の提案に対し、絶えず反対していた。私の論文の共著者である植田和男《うえだかずお》審議委員も一度は反対している。だが、事態はほとんど変わらないのに、二回目からは賛成に転じてしまった。その後、副総裁であった岩田一政氏、西村清彦氏などが反対票を投じたこともあるが、引き締めを好む日銀の決定に大きな影響を与えたかどうかはわからない。

衆参両議院の承認を得て内閣が任命する審議委員が一種の歯止めになると、私も思っていたことがある。しかし、それはなかなか難しいのが現状だ。

原子力発電の監督をするはずの原子力安全・保安院や原子力委員会がうまく機能し

なかったことを思い起こしてほしい。かつてジョージ・スティグラーが洞察したように、規制される主体が強力なときには、監督者と被監督者が馴れ合いになってしまい、結局は監督する側が取り込まれてしまうのである。これは「規制当局の捕囚」と呼ばれている。日銀審議委員の場合も、同じことがいえる。

審議委員は、収入の面でも社会的地位の面でも、極めて魅力的な役職だ。そのためだろう、審議委員の声がかかるようになると、任命前から日銀を弁護する著書や論説を発表するケースも多い。

なにしろ、審議委員のオフィスも情報もアテンドも、みな日本銀行によるものなのだから、日銀が審議委員を取り込むのは難しくない。中原伸之審議委員は、そう考えると、本当に立派だった。経営者としての経験もさることながら、ジョルゲンソン教授と同級生であるハーバード仕込みの学識、そして強靭《きょうじん》な人格が、それを可能にしたのだろう。

中原氏は、日銀総裁の候補者の一人であった。高齢ではあるが、いつも元気で激務をものともしない。先日、金融政策の決定要因に関するインタビュー収録に来られたとき、汗だくの姿だった。どうしたのかと思っていたら、実は空手の稽古《けいこ》のあとだったのだそうだ。シャワーを浴びて、きちっとした背広姿に着替えてからインタビューを始めることになった。

だが、誰もが中原氏のようにはいかないのが現実だ。最近、学者出身の審議委員が日銀批判と取れる意見を発表したら、日銀幹部に、「あのような意見をいわれるようでは、先生の大学からは、これから審議委員は出せませんよ」といわれたことがあるという。これは、とある学者の友人から聞いた話である。こうした噂に真実味が感じられるような雰囲気そのものが、すでに問題である。

天下り先の短資会社のために金利を高く

銀行間で、主に一年未満の短期資金の貸借を行う短資会社。ここにも、日銀の大きな問題が隠れている。

短資会社は法律上、一般の貸金業者と同じ位置づけである。ところが、日銀の息がかかった短資会社には、特別なステータスが与えられている。「短資会社指定」というって、日銀からの天下りがあるところには、証券業務を行うためのスペシャル・ライセンスが与えられるのだ。

高橋洋一氏は、大蔵省時代にそのスペシャル・ライセンスの制度を担当していたという。

「この制度をつくるとき、日銀の職員が大蔵省にやってきて、『これがないと本当に困る』と、当時の大蔵省の幹部に働きかけたのです。それで大蔵省は、短資会社だけにスペシャル・ライセンスを与えるための省令を一個つくった。そのときはびっくりしましたね。『短資会社とは、日本銀行にとって、これほど重要なものか』とね」

日本銀行の職員が天下る短資会社は、オフィスそのものが日本銀行の周辺にあり、以心伝心の関係にあるらしい。かつて金利を日銀が仕切っていた頃には、日銀が短資会社を通じてコール（短期）資金のレート調整ができるという機能が重要だった。だが、いま金利は市場で決まるのが建て前だ。

アメリカには短資会社などという存在はない。もっとも単純な資金の需給、つまり市場が決めることに、日銀などが口出しをする必要はないのだ。高橋氏も、日米協議の際に「あれはなんですか」といつも聞かれて、「スペシャルな会社です」という苦しい答えしかできなかったという。

日銀の職員がどれくらい短資会社に天下りしているのかは分からないが、短資会社の利益が日銀の利害と繋《つな》がっているとなれば、国民経済に影響を与える金融政策がゆがんでしまうことになる。

この短資会社は、どれだけ実質金利が高くても、名目金利が高くないと稼げない。

そのため、名目金利の水準を保つことが必要になるが、これは日銀の金融政策にデフレに繋がるバイアスをかける。

中央銀行にとって、市場のオペレーションは必要だが、市場には二つの種類がある。インターバンク市場という銀行中心の市場と、債券が中心のオープンマーケットだ。

オープンマーケットで債券中心のオペレーションにしたほうが、手段も多様化する し金融政策も効くのだが、短期市場保護のため、それができない。

日銀が効果的な金融政策を打ち出せない裏には、そういう日本的な背景があるというわけだが、正しい経済学に則って、本来の国民の福祉のために金融政策を使えるようにするためには、短資業者の私益が国民の利益を害してはならないのである。

こういうバイアスを知ってか知らずか、新聞記者は短資業者出身のエコノミストを尊重しすぎるように思える。

FRBと日銀のキャリアパスの違いで

日銀には、東大法学部の出身者が多い。その意味で、やはり日銀も「官僚組織の一つ」という見方ができる。しかし最近は、白川方明氏をはじめ企画局の幹部には、経済学部出身者も多い。だから「法学部の卒業生が牛耳《ぎゅうじ》っている」、あるいは「法学部卒が金融政策を誤っている」と、簡単にはいえない。

ただ私の感覚でいうと、東大法学部出身者は議論がうまく、知的で強健であり、役所や銀行での仕事に関しても瞬発力があり、頑張りが利《き》く人が多い。

理解してほしいのは、法の論理と経済の論理がまったく違うということだ。

法の論理は、訴訟に勝つために（役人の場合は行政行為が訴えられないために）、一定の結論を前提として正当化することだ。私が薫陶《くんとう》を受けた川島武宜先生は「（ある目的の）ためにする論理」と呼んだ。言葉は悪いかもしれないが「理屈をつける」わけである。

経済学者は、本書のように、国民経済全体のことについて考え、政策提言もする。しかし、その効果は、どちらかといえば、間接的、一般的なものに過ぎない。

法学を学んで、法曹界、特に弁護士になる人は、国民の一人ひとりの具体的な生活を救うことも可能である。そのためにも法律学は貴重であり、「ためにする論理」も大いに有効である。

しかし、経済現象に対する悪い法的論理の使い方もある。次のようなものだ。たとえば、日本銀行が「貨幣をどれだけ増やしても物価水準は変化しない」ということを日銀の立場として決めたとする。そのことに理屈をつけて正当化するのが法的論理である。まさに官僚的なスタイルだ。

つまり、法学部出身者が威張っているというより、事物の論理を差し置いて法的論理が支配しているといえるだろう。

一方、経済の論理において重要なのは、物事が実際にどう機能するかということである。理屈ではなく「実際に」というところが大事なのだ。

どれだけうまい理屈がついていても「本当にそうなりますか?」と問うのが経済の論理。水は高いところから低いところに流れる。地球は太陽の周りを回っている。それらを理屈(法的理論)で逆転しようとするから、日銀は外国人から「プア」といわれるのだろう。

旧経済企画庁や内閣府の場合、あるいは経済関係の省庁の場合、人事システムがローテーションになっており、職員はゼネラリストとして育つことが多い。統計、計量経済、金融といった専門分野でも、二〜三年で異動していく。それに対して日銀では、優秀な者は研究部署に五年ほど置いておくこともできるので、腰を据えて専門的な勉強をすることもできる。

したがって、財務省や経済産業省、内閣府といったほかの省庁に比べると、日銀の調査畑の専門家養成システムはすぐれている。

ただ問題なのは、そうして時間をかけて育った専門家が、日銀の都合の悪いことに関しては、経済の常識とはかけ離れた政策でも、「理屈をつけて正当化する」ことに専心してしまうことなのだ。

アメリカでは、経済学の博士号をとってFRBに就職するのは、キャリアの入り口といった感じがある。いわば「エントリー・ジョブ」だ。そこから、学界や民間企業に進むといった形が「成功の道」になる。

しかし日本では、日銀に就職する以上の成功はない。いったん就職すれば、定年まで「日銀エコノミスト」として勤め上げることになる。

そこで問題なのは、日銀以外の考え方ややり方を知らないままで終わってしまうことだ。

役所のように外部との人材交流が少ない組織では、人的資本の形成もうまくいかない。組織が閉じているからこそ、たとえ間違っていると思っても、上司のいうことを黙って聞かなくてはならず、いずれ自分もその考え方に染まってしまうことになる。

実際、白川総裁は人格的に尊敬されていた。海外の経済学者たちも、日銀が主催する国際会議に招待されると、喜んで集まった。ただ、そうした国際会議で世界一流の学者たちが与えてくれたアドバイスを、自分たちにとって都合が悪いとき、日銀マンは無視してしまうのだ。

変わらない官僚的マインド

白川総裁は、かつて私が出した公開書簡に応えてくれなかった（書簡が掲載された本を受け取ることすらなかった）。一時、私は、二〇一二年二月一四日のインフレ「目途」設定という形で、部分的にせよ応えてくれたのかと希望的観測を持ったが、その後の物価、円、株価の動きが示すように、効果は充分ではなかった。すでに述べたように、バレンタインデーの贈り物は「義理チョコ」だった。

総裁の演説の草稿を書いていたような人たちは、おそらくいまも「日銀流理論」に染まり切っているのである。

髙橋洋一氏は、「官僚っていうのは一人では動きません。組織で動きます。だから、なかなか臨機応変には変わらないのですよ」という。そうなのだろう。

バレンタインデーの政策変更は、「海外ではみんな金融緩和をやっている。自分たちも、ちょっとはやっておかなければ」といったもので、それをしなければ批判されるから、不本意ながら変更したのだろう。つまりは「責められない」ことをもって善《よ》しとする官僚的マインドである。

官僚的マインドは「守備範囲の狭さ」と言い換えることもできる。自分たちはこれだけしかやらない、あえて新しいことには踏み込まない、そういうスタンスを決め込むことで、失敗を少なくしようとする。

これは世間でいう「失敗」の定義とは違うかもしれない。官僚的な発想における「失敗しない」とは「責められるようなことは極力しない」ということだ。成功して評価されることよりも、失敗せず評価を落とさないことを選ぶ。

変えない、新しいことをしない、失敗しない、責められないようにする……そうした意識の積み重ねによって生まれた伝統、それが「日銀流理論」であり、日銀が、理論、事実、データによって、自分たちが間違っていることを（おそらく）知りながらも、そこから脱却できなかった理由だろう。

不幸なのは、デフレ、円高、不況に苦しむ国民だった。二〇一二年二月一四日の衝撃を教訓にすべきは、国民なのだ――。

第六章　増税前に絶対必要な政策

石油危機が示す「インフレは制御可能」

先述したように、日銀にはインフレに対する極度の嫌悪感がある。だが館龍一郎先生はいう。

「日本の高度成長は、年によって違いはあるが、一桁台のインフレとともに共存していた」

一九五五年までの敗戦からの回復期、たしかに日本経済は激しいインフレに見舞われた。そのことで国民も苦労した。しかし、それとてヨーロッパの戦間期に見られたようなハイパー・インフレではなかった。インフレと聞いて即、ハイパー・インフレを想像するのは短絡的に過ぎる。そうさせるように日銀が宣伝しているだけなのだ。

ハイパー・インフレがいかにたいへんか。それは想像を絶するものだ。一九二六年のハンガリーでは、一年間で物価が一〇の一六乗倍まで跳ね上がったという。一兆倍が一〇の一二乗だから兆の一万倍、いわば「京倍」である。

物の価格が上がるということはお金の価値が下がるということだから、当時のハンガリー国民は、給料をもらったらすぐ物に換えなければならなかった。為替レートも急速に下落するから、国全体が投げ売りの状態にもなる。

かつて我々の先輩は、日本の大学のため、戦間期のドイツで本を集めようとしたが、一冊ずつではなく、「この本棚にあるもの全部売ってほしい」といって買い付けたそうだ。ドイツも、それほどひどい状況だったのである。おかげで日本の大学の蔵書が充実することになったのだが、当のドイツ人は堪《たま》らなかっただろう。

たしかに日本でも、敗戦後の混乱期における物価高騰はすさまじかった。一九四六年の初頭から四九年の初頭にかけて、卸売物価は二〇倍に上昇している。しかしその後、朝鮮動乱の特需にも助けられつつ、日銀の金融政策が功を奏して、日本経済は緩やかな物価上昇に転じることになる。

そのような非常事態でも、激しいインフレは、長くは続かなかった。

日本の高度成長時代、一九六〇年から七二年に、日本の実質国民所得は約三倍に膨れ上がった。世界から「奇跡」と称された回復と成長である。その間、日本のインフレは緩やかながらも継続している。

卸売物価指数はこの一二年間、一九七一年を除いて三パーセント以内ではあるが、上がり続けた。消費者物価も一桁台、多くの時期で五パーセントを超える率で上がり続けた。すると求人と求職の倍率である有効求人倍率も、一九六〇年代後半では、一を超え続けていた。一方、完全失業率は二パーセント台に収まっている。

デフレを続けたがる日本銀行は、そしてそれに同調するエコノミストやマスコミは、このような時期が、日本にとって危険なインフレだったと思っているのだろうか。

その後、一九七三年にアラブ諸国が原油価格を最終的に四倍近くに引き上げ、日本は石油危機に襲われた。その結果、輸入価格をより反映する卸売物価は、一九七三年に二一・三パーセント、七四年に六七・八パーセントも高騰する。

消費者物価への影響は少し遅れて、一九七三年に一一・七パーセント、七四年に二三・九パーセント、七五年に一二・一パーセントの上昇。「狂乱物価」で日本列島は大混乱に陥った。これは、まさに輸入インフレであった。

これに対して小宮隆太郎氏は、「金融政策をしっかりしていれば、これほどまでの消費者物価の高騰は起こらなかったろう」と批判している。しかし日本銀行は、「金融政策では物価は完全にコントロールできない」と反論。これが、貨幣供給は受動的なものだという「日銀流理論」のインフレへの適応である。

だが、小宮氏の警告が効いたのだろう。一九八〇年、第二次石油危機が日本列島を襲ったときには、卸売物価こそ一年に一七・八パーセント上がったが、消費者物価の上昇は八パーセントに収まっている。物価のコントロールは可能だったのだ。

物価の上昇は、たしかに家計に響く。「インフレ」という言葉の響きそのものがネガティブにとらえられがちでもある。

だが、高度経済成長期の日本は、緩やかなインフレだったのである。果たして「インフレは嫌だから高度経済成長もいらなかった」といえる人はいるだろうか。現在の日本の生活水準、豊富な対外資産は、高度成長がもたらしたものでもあるのだ。

現在の日本は、高度成長期の半分のインフレも許容できないのだろうか。そうではないだろう。敗戦直後の混乱期を除き、戦後の日本で国民が困るほどのインフレに襲われたのは、一九七三年から七四年だけである。しかも、それは不意を突かれるような石油危機によるもの。日銀のインフレ退治能力は抜群であり、第二次石油危機の際には、その抑止能力が完全に機能している。

すると、いまの日本に極度のインフレが起きる心配はないといってもいい。そういう前提があるからこそ、私は日本に緩やかなインフレ目標を導入するべきだと考えるのだ。そしてそれは、絶対に、消費税率を上げるよりも先に行われなければならない。

税収が五兆円も減った橋龍内閣の教訓

日銀が反インフレのＤＮＡを持ち、金融政策に対して無理解なのであれば、そして自己の利害に固まって正しい政策ができないとすれば、期待しなければならないのは政治である。だが第一章でも触れたように、政治の世界も「ヤブ医者」ばかり。仙谷由人氏のように、「デフレギャップはそのままでいい」という人もいたほどだ。

「たとえデフレギャップがあっても、ボトムよりちょっとでも潜在成長率が高くなれば増税する」

これは自民党時代の与謝野馨氏の言葉。それを聞いた髙橋洋一氏は、「デフレギャップがあるときでも増税ですか」と確認したそうだ。答えは「イエス」だったという。デフレギャップが四〇兆円、あるいは五〇兆円あったとしても、上昇基調になったら増税するという考えなのだろう。

マスコミの世界で経済学を正しく理解したうえで、配られた当局の紙でなく、自分でデータを分析して記事を書いている数少ない記者である、産経新聞の論説委員・田村秀男氏は、橋本龍太郎政権での大きな過ちを指摘している。

当時、消費税が三パーセントから五パーセントにアップ。その結果として、消費税による税収は四兆円増えたのだが、デフレギャップもあったために、所得税と法人税による税収が五兆円以上も減ってしまった——。

橋本政権での消費増税は、税収アップにつながらなかったのである。

産業界が消費増税に賛成するのは、消費増税で、所得税や法人税を減らしてもらえるという期待があるからだ。ところが消費税が引き上げられると、物の価格が上がる。当然ながら消費は減り、企業の売り上げも減少する。したがって、課税額の何割かは、生産者や事業者にも転嫁されるのである。

二〇一四年に予定されていた増税が、橋本内閣のときとは違ってうまく行くという根拠はまったくなかった。

菅直人氏が首相時代に踏み込み、野田佳彦氏がまるで財務省のあやつり人形のように突っ走った消費税増税。それが実現すると、橋本政権時代と同じく、全体としての税収減になる可能性がきわめて強かった。「税率を上げれば財政再建」というのは、まさに「獲らぬ狸《たぬき》の皮算用」――それは二〇一四年春の消費税増税後に起こった景気の腰折れで証明された。

消費税二倍で社会的損失は四倍に

ここで、消費税の税率を上げた際の経済効果について考えてみよう。

日本の税収は貧弱で、世界的に見ても巨大な財政赤字や公債残高を抱えていることは周知の通りである。増税派が示す日本の政府債務はＧＤＰの二倍を超えており、確かに政府は借金漬けだ。

高橋洋一教授やコロンビア大のデイビッド・ワインスタイン教授のいうように、日本政府は資産を多額に持っているから、負債だけを問題にせず、政府純債務を考えるべきでもある。しかし、政府の持つ債務を差し引いた政府純資産で見ても、長期的に財政再建を実現することが必要だと思う。

ただし、それをどう実現するかについては、財務省応援団の財政再建論者とは、はっきり違う。まず知っていただきたいのは、このような財政事情が、税率の低さによるものとは限らないということだ。

福井日銀総裁が小泉首相との約束を守り、その量的緩和の結果として日本経済が巡航速度状態にあった二〇〇六年までは、財政事情は逼迫《ひっぱく》していなかった。財政逼迫の主原因は、引き締めが行きすぎて円高の荒波に日本経済をさらし、そのため景気が停滞したことにある。税率を上げることだけが財政を救済する方法とは限らないのだ。

仮に、五パーセントの消費税が一〇パーセントに引き上げられたとし、政府支出は変えないでおいたとしよう。具体的には、たとえば一〇〇円のハンバーガーに課せられている消費税五円は一〇円に上がる。

消費税が上昇して、それが物価に上乗せされると、当然、消費需要は減退する。ケインズ経済学の第一歩、すなわちマクロ経済学の所得決定理論で見ると、このことが国民全体の需要を減少させ、国民所得を減少させる。

これが「橋龍増税」でも起こったのである。

サプライサイドを重んずる新しい古典派からは、「それはケインズの考え方であり、国民所得は供給で決まるのだ」という反論があるかもしれない。

すべての人が完全に未来を予見し、あらゆる物の価格が柔軟に動く完全雇用経済であれば、証券価格は将来の情報を完全に消化し、資源も完全に利用され、したがって失業も起こらない。しかし、リーマン・ショック以後の世界経済の混乱は、このような経済学が間違いだったこと、つまり「反ケインズ革命」が完全に行きすぎてしまって我々の認識を曇らせていたことを示している。

価格メカニズムは、たとえばハンバーガーを生産して販売するのにどれだけかかり、それに消費者がいくら払うかを媒介として、資源の配分を能率的にしようとするものである。ところが消費者の払った一〇パーセントが政府の懐に入るとなると、消費者のシグナルが生産者につながらなくなる。同様に、生産者のコストも一〇パーセント増しでしか消費者に伝わらなくなる。

このように、税、たとえば消費税は、需要のシグナルと供給のシグナルとの間に垣根を設けるのである。消費税の税率が二倍になると、社会的な損失は二倍でなく、その二乗、つまり四倍となるのだ。

こう考えると、財政支出が必要であっても、税率は急激に上げず、なだらかに推移させたほうがいい。これを「リカードの租税平準化理論」といい、財政学の講義では必ず教えるべき内容である。

政府が公共的な支出を行わねばならないとすれば増税が必要なこともあるが、「なるべく多くの世代から少しずつ取れ」ということである。

東大経済学部の伊藤隆敏・伊藤元重《いとうもとしげ》両教授が多くの学者に呼びかけた消費税増税の提言に、同学部の財政学の専門家である井堀利宏《いほりとしひろ》・岩本康志《いわもとやすし》両教授が加わらなかったのは、この提言に、「東日本大震災の被害はこの世代だけで負え」という主張があったからだと思う。井堀・岩本両氏には敬意を表したい。

両伊藤氏は立派な経済学者であり、また優れた啓蒙家《けいもうか》でもある。しかし、地震の被害の負担に関しては、両氏の意見に賛成できない。病み上がりの子供に重荷を負わせて、「もっと具合がよくなったら荷を下ろしてあげる」といっているようなものであるからだ。

財政政策に関する意見は別にしても、伊藤隆敏氏はインフレ・ターゲットを学者の立場から推奨している。国際会議を飛び回り、日本の中堅マクロ経済学者としての大活躍は国際的に知られている。日本の金融論やマクロ経済学の旗手といっていい。だから、民主党に日銀副総裁への就任を拒否されたときは、本当に私も残念だったし、本人も「夜討ち朝駆け」の記者の取材に消耗したそうだ。

増税のメリットはあるのか

もちろん、増税のメリットも考えておかなければならない。それがフェアなやり方というものだ。

いまの日本の財政赤字は、政府の税負担を先延ばしにしてきた政策の結果である。国民に良い顔をして、その財源調達を、税によらず借金（公債）で賄《まかな》おうとしてきた。もし勇気を持って増税して、財政赤字を解消し、そのことで公債累積を防げると分かれば、公債の元利払いによる後世代の税負担が解消される。そのことで、国民全体を覆う、もやもやとした不安感がなくなる。国民の将来に希望が生まれ、日本経済は立ち直れる。

このことは、二〇〇年前の一九世紀の初頭、イギリスの天才経済学者リカードが考察している。

「財政支出を一定とし、公債を発行しても税金をかけても人々が正しい予測を持ち、資本市場が完全であれば、マクロ的には結果は変わらない。なぜならば、政府が国民の税負担を減らそうとして公債を発行しても、人は現在の消費を増やさず、自分の孫や子の税負担を考えて消費を控えようとするからである」

これが、リカードの「税と公債の中立命題」である。

この命題は、「経済を刺激しようとして、課税の代わりに公債を発行して国民の負担を引き延ばそうとしても、それは役に立たない」というかたちで用いられる。これを現在の日本に当てはめると、「増税していまは辛《つら》くても、将来の国民の負担がなくなるので、見通しが明るくなり、国民生活は改善する」ということになるだろう。

しかしリカード命題は、「いつ税をとっても長期的には変わりがない」といっているのであって、「増税したほうが良くなる」とはいっていない。

また、次のような問題もある。それは、誰もが子や孫を持っているわけではない、ということだ。国民全員が子や孫のことを考えて合理的に行動するとは限らない。つまり、リカード命題は崩れて、先述したように、増税は失業と景気沈滞をもたらす。

財務省や内閣府等で発表する増税負担の計算は、往々にして生産されるパイ（GDP）が一定で、どれだけ政府（財務省）が国民から消費増税で巻き上げるかの計算をしていることが多い。しかし、税には全体のパイを減らす性質がつきもの。その負担は、税率を五パーセントから一〇パーセントと二倍にすると四倍に、五パーセントから一五パーセントと三倍にすると九倍にまで膨れ上がるのである。

政府が破産しても国民は絶対に破産しない

財政再建が最優先の課題だという論者は、「日本は政府債務の残高が高いので、ギリシャのようになる可能性がある」という議論を展開する。だがこの議論は、いくつかの理由で完全に間違っている。国民を財務省のいいように導くまやかしの議論だ。

第一に、この議論は、日本が世界中で最大の対外資産を持った国であることを忘れている。円は、日本国民全体の信用をバックにしている。国民が多額の対外資産を持っているということは、政府の債務超過で国債が値下がりすることはあっても、円の下落とは直接につながらないということだ。現に円は上がり続けてきた。

第二に、日本は変動相場制をとっているので、仮に日本国政府が破産したとしても、日本国民は絶対に破産しない。安達誠司氏が『円高の正体』で明快に解説しているように、政府が破産しかけても、国債を政府が買い上げて円安にし、そのことで財政危機を解消するという選択が残っている。

二〇一二年の野田首相と自民党の谷垣禎一《たにがきさだかず》前総裁は、たとえ国民生活に悪影響を及ぼしても、税率を上げることこそが政治家としての最終目的だ、というように見えた。そこに欠けていたのは、なぜ増税が必要なのかという充分な説得力を持った議論だ。増税論者のほとんど唯一のよりどころは、日本をギリシャにたとえることだったように思える。

しかし、端的にいって、日本がギリシャのような経済危機を迎えることはない。ここで、国債の累積と円の通貨価値、そしてギリシャとの関係について、あらためて説明しておこう。なお、この問題に関しては、上念司《じょうねんつかさ》氏の著書『日本は破産しない!』(宝島社)も参考になる。

まず、円高に悩んでいた日本は、円の国際的価値については、まったく心配する必要はなかった。世界中の投資家が「日本は破産しそうだ」と思っているのなら、誰も円や円建て資産を持つわけがないのだ。そんなことがないからこその円高。急に円の暴落が起きるとは考えられなかった。

もちろん、政府にはGDPの二倍あまりの債務がある。債務を支払うためには、将来の税収をあてにしなければならない。ただし日本の国債は、短期国債も長期国債も、その金利が世界的に低水準だ。それは、国債の保有者が日本の将来を不安に感じていないことを意味する。日本国債には、現在でも、内外の投資家が喜んで投資しているのである。

日本の経済評論家、エコノミスト、学者のなかには、政府の返済能力に関して悲観的な観測をし、「国債暴落論」を唱える人もいる。だがこの暴落論者は、国債を空売りする勇気があるのだろうか。身銭を切らないで、国民の恐怖だけを煽《あお》って原稿料稼ぎをしてはいないか。実際には、市場、つまり世界中のプロの国債保有者だけでなく暴落論者も、日本国債が暴落するとは見ていないのだ。

日本がギリシャにならない理由

かつてのベストセラーにたとえるなら、日本は借金にあえぐ政府（父さん）と、海外にも大きな資産を持つ民間部門（母さん）が支える家族のようなものだ。資産保有者が日本の国力に裏づけられた円資産を持つということは、父さんと母さんを合わせた家全体に、お金を貸しているのと同じ。だから円の将来には不安を感じないのだ。

政府は貧乏だから、国債つまり政府の債務を保有するときには少し不安がある。しかし、いまのところ、日本政府の将来の徴税力、言い換えれば国民の租税負担力を信頼しているから、それが日本の国債に対する信頼にもつながる。そのため、国債の金利が低いのである。

日本政府がいますぐ破産するかのように論じる人は、国債市場が安定している事実をどう説明するのだろうか。

市場は、日本政府の財政状態、その将来を不安に思いつつも、国債に一応の信頼を置いている。国債暴落論者は、国債の売り操作を始める勇気があるのだろうか。国債の暴落が起こるのであれば、いまから予兆があるはずなのだが、それは見られない。国債

日本の国債問題は、よくギリシャの政府破産の可能性と並べて議論されるが、月とスッポンほどの違いがある。

ギリシャはユーロ圏に属し、自国の通貨を持たない。そのために独自の金融政策が使えない。為替変動のメリットを持たないのだ。

しかし日本の場合は、独立の通貨政策が可能。にもかかわらず、それを充分に利用していないだけでなく、反対に超緊縮政策で、円高を促進するように使ってきた。ギリシャのようになる前に、金融政策に訴えれば、景気が回復するのは当然なのだ。

ちなみに、ギリシャ問題を解決する方法は、基本的には二つある。

一つはユーロからの脱退と為替の切り下げである。ギリシャがユーロ圏を離脱すれば、一瞬で問題を解決できる。ギリシャの経済も復活する。これは日本では少数派の

説だが、ポール・クルーグマン博士も賛成していた。

ギリシャだけが離脱すると、スペイン、ポルトガル、場合によってはイタリアなどで同じ問題が起こるなら、それらの国々も一緒に離脱してもらえばいいと私は考えていた。フェルドスタイン教授に聞いてみたら、スペイン、イタリア等は財政の悪化事情が違うので、注意深く国別の事情を考えるべきだということであった。

現実は、ドイツなどの大国では、落ちこぼれのギリシャなどに対して、財政支出までしての援助には消極的だ。しかしユーロ圏は、政治的事情もあって温存しておきたい。そのためにジレンマが起こる。もしユーロ主要国が、問題のある国に融資して、危機が一度は過ぎ去ったとしても、近い将来に同じことが再来することはないとは、誰にも言い切れないのだ。

第二の根本的な解決方法は、本当に政治的に統合された国家をつくって、ヨーロッパを一国にしてしまうことだ。とはいえ、それには長い時間と多くの政治的抵抗が伴うだろう。

世界一の対外資産を持っている国民

二〇一一年三月一一日、日本は未曾有《みぞう》の大地震に見舞われた。私が住むアメリカのテレビでも、街が一瞬のうちに津波の犠牲になる光景が何度となく放送された。その映像はいかにもあっけないが、だからこそ、「この短い時間で、いったい何千人の尊い命が失われたのか」と呆然《ぼうぜん》としたものだ。

私はアメリカにいながら、テレビを通して、被災地の日本人が黙々と、そして整然と、前向きになって生きていく姿を見つめ続けた。ハリケーンに見舞われた際のニューオリンズのような暴動もなければ、捨てばちになる人もいなかった。大災害に遭いながらも自暴自棄にならなかった日本人の国民性に対しても、世界中から注目と賞賛が集まったのは記憶に新しい。

とりわけアメリカでは、取材に赴いたABCテレビのキャスター、ダイアン・ソーヤーに対してまで、わずかな食料を分け合おうとした日本人の姿が、驚きと感動をもって迎えられた。自然が美しいだけでなく、心根が美しいからこそ、日本は安倍晋三氏のいう「美しい国」なのである。

だがもちろん、世界から注目されたのはそれだけではない。東京電力福島第一原子力発電所の事故に見られるように、日本社会における情報伝達の問題点や、組織の決定のあり方、そして決定スピードの遅さも、また世界の目にさらされることになった。

災害からの復興には、幾多の困難がある。これを、「ある社会において一つの家族が被害に遭った場合」と「国際社会のなかで一つの国（日本）が被害に遭った場合」を比較しながら考えてみよう。

ある家族が被害に遭った場合、ほかの家族が親切に助けてくれるだろう。悲劇から立ち直る第一歩は、周囲の厚意に頼ることだ。物だけでなく温かい心も、傷ついた人間を勇気づけてくれる。政府からの助けがあれば、もちろんそれもありがたい。

その次は、自分の資産を使って生活を立て直し、身内から借金し、あるいは他人から借金することもあるだろう。そうしながら慎ましい生活を続け、いずれ貯蓄に励んで回復への道を粘り強く歩むしかない。

これを国に置き換えてみよう。日本という国は、他者（他国）の厚意に頼り、借金をしながら立ち直ることができるのか、という問題だ。

日本政府は、すでに借金のある家のようなもの。先述したように、父さん（政府）の債務は大きい。家族を養うため（景気対策、社会福祉、その他の財政支出を賄《まかな》うため）の収入（税収）を得ることができず、借金（公債）に頼って自転車操業でやってきた。しかし、髙橋洋一氏やコロンビア大学のワインスタイン教授が指摘するように、日本政府はかなりの資産も持っている。

しかも母さんに当たる日本国民は、次に見るように、世界一の、資産を持っているのである。

通貨価値は国民全体の資産で決まる

ハーバード大学で行われた「日米関係プログラム」の討論では、私の前の報告者であった田村耕太郎《たむらこうたろう》・前参議院議員が、日本の総負債の比率の大きさについて、まるで日本が破産しかかっているかのように誇大に強調した。

彼はイェール大学の卒業生であり、親しい友人としてたいへん世話になっているが、この意見に対しては賛成できなかった。

現在、具体的な数字が出ている二〇一一年末時点で見てみると、日本の対外純資産は二五三・一兆円。諸大国の中でトップである。世界最大の債権国なのだ（図表10参照）。

アメリカ、イギリス、イタリアはマイナス、つまり純債務国だ。アメリカにいたっては世界一の大借金国、二〇〇兆円を超える純債務がある。

日本政府は国債という形で大きな借金を背負っているが、その大部分は日本の民間セクターが持っている。国民（民間セクター）は外貨資産を持つとともに政府債務も

図表10　世界各国の対外純資産

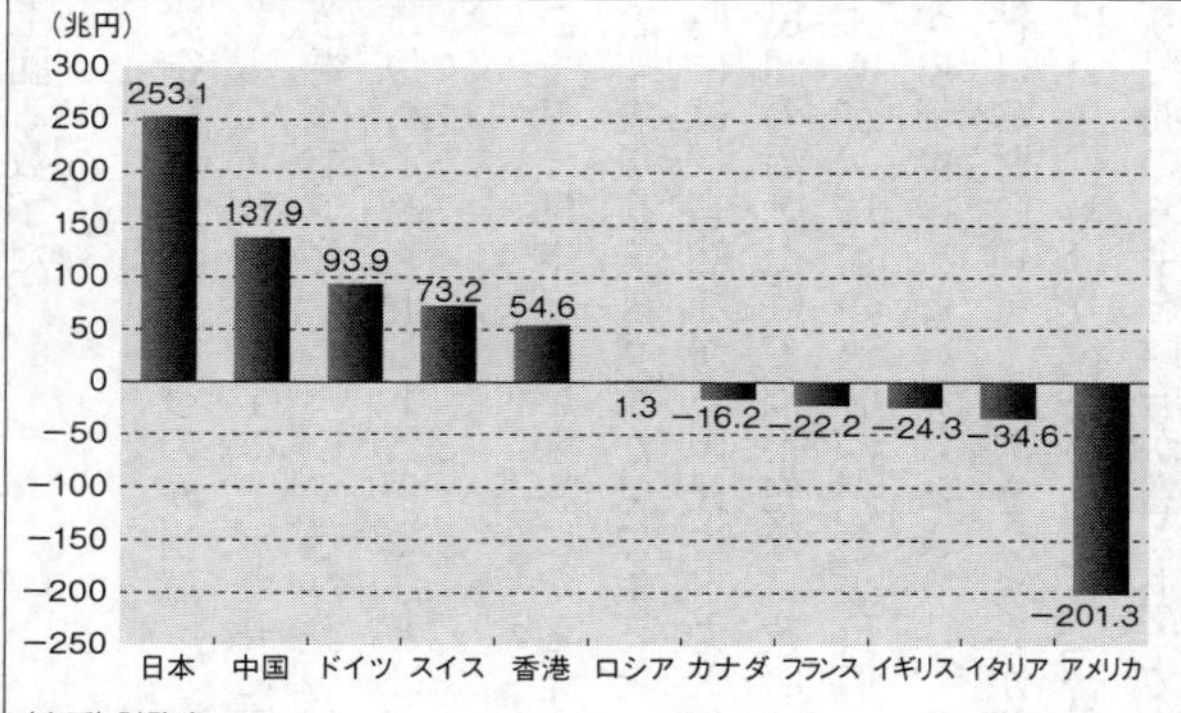

（出所）財務省

持っている、世界一の金持ちということになる。これは、武蔵大学の黒坂佳央《くろさかよしおう》教授も指摘していることだ。

一方のアメリカは、政府のみならず国民全体が、世界中、特に日本や中国からの借り入れに頼って生活している。つまり、暴落を心配すべきは円でなく、ドルなのである。通貨の価値は、政府の資産状態よりも、国民全体の資産状態、信用状態によって決まるからだ。

すなわち、日本は政府が「貧乏父さん」ではあっても、国民は「金持ち母さん」なのだ。しかも、「母さんの資産」、つまり「父さんの借金」を差し引かない対外債権となると、じつに六〇〇兆円を超えると想定できる（二〇〇八年末）。これはGDP

をも上回る数字だ。

震災復興は公債で賄うのが当然

もちろん、政府の赤字はそれなりに困ることではある。とはいえ、円の暴落を心配する必要はまったくないし、そのような兆候もない。むしろ、円相場が一〇パーセント、二〇パーセントと下落することは、デフレを収め、生産拡大するのに役立つのである。

ここまで、日本経済を家族にたとえながら、震災の例も出して説明してきた。そうなると、震災復興の費用が気になるという人もいるだろう。

復興には、当然ながら国民の努力と復興投資が必要になる。もちろん、復興のためには民間の活動だけでは不充分。政府による救済、保健活動、復興投資も重要だ。

ところが、日本の政府は大きな負債、つまり国債残高を抱えてしまっている。借金経営が自転車操業といわれるように、将来の納税者をあてにして現在の政府が使い込みを続ける財政運営……大きな災害が起きると、問題が顕《あら》わになってしまう。

とはいえ、やはり復興の主役は「貧乏父さん」、すなわち政府。「金持ち母さん」、つまり民間のお金を政府が巻き上げて復興にあてるのがひとつのアイディアとなる。

つまりそれが、消費増税だ。

これまでたとえてきたように、家族の間柄であれば、「金持ち母さん」が「貧乏父さん」にお金を渡せば済むことである。しかし、政府と民間の間では、単なる譲渡ではなく、税という形をとる必要が出てくる。とりわけ、その手段として考えられることが多いのが、消費税なのである。

もし、日本が税金だけで災害による負担を賄《まかな》うと、国民の負担は、完全雇用下でも、かなり大きくなる。すでに失業を抱えている経済では、いっそうの痛手だ。だから、日本にせよアメリカにせよ、歴史上、軍事支出は増税ではなく公債で賄われてきたのだ。

公債発行なら、高い税率で生じる非効率性を避けることができ、さらに現在の失業の問題も解決できる。

最も財政赤字に厳しい見方をするジェームズ・ブキャナン氏（ノーベル経済学賞受賞者）ですら、「戦争や大災害の場合には公債発行が許される」と述べている。ということは、日本が震災からの復興を目指す時期にこそ、増税ではなく、公債の発行が必要だったのだ。

どうしても増税だというのであれば、私はＩＭＦの主張に賛成したい。長期、たとえば約一〇年にわたって、消費税率をわずか（たとえば一パーセント）ずつ上げていくという方策だ。

実は私が内閣府に勤務していた二〇〇一年から二〇〇三年ごろ、この方策がハーバード大のフェルドスタイン氏や深尾《ふかお》光洋《みつひろ》・慶応大教授によって唱えられていた。

だが、両氏の説を某紙に寄稿しようとしたところ、内閣府で上司にあたる竹中平蔵大臣に、「これは野党の主張と同じなので控えてください」と、目の前で原稿に朱を入れられた。

原稿の主要な論点ではなかったので、私は素直に従ったのだが、「増税するにしてもゆるやかに」という意見は、一〇年ほど前からあったということだ。

ちなみに、竹中氏は寛容な上司で、意見発表に修正を求められたのは、二年の勤務期間中、このときだけだったことも付け加えておく。この話をのちにフェルドスタイン氏にしたら、彼は笑っていた。

内閣府時代の思い出

私が内閣府の経済社会総合研究所の所長として勤めたのは二年間である。人選されたのは堺屋太一・経済企画庁長官であった。「いままでに大きな組織を動かしたことがありますか」と面接で聞かれて困ったことや、イェール大学までわざわざ訪ねて勧誘していただいたこと、「妻の了解が必要です」と申し上げたら、「誰にとっても奥さんを説得するのがいちばんたいへんです」と答えられたのが印象的である。

研究所をやめてアメリカに帰ってから、堺屋氏は令夫人の池口《いけぐち》史子《ちかこ》画伯とともにイェール大学のあるニュー・ヘイブン市に来られた。奥様の、西部劇を思わせるアメリカの風景の取材でもあった。「きれいなアメリカでなく、さびれた、ペーソスを感じさせる街に連れて行ってください」ということで、画伯の展覧会の題材となった。

その堺屋氏は通商産業省の出身で、『油断!』（日本経済新聞社）をはじめとする多くのベストセラーで知られる。金融論が専門ではないが、経済企画庁長官時代は、金融政策の大事な節目のときに日本銀行の無謀な緊縮政策に反対して、日本経済のデフレ、円高に歯止めをかけようと努力した。当然、日銀総裁候補の一人である。

実際に経済社会総合研究所所長に赴任したのは二〇〇一年の初めであった。そのとき、担当大臣は額賀《ぬかが》福志郎《ふくしろう》氏だった。一月の松の内の顔合わせで、森喜朗《もりよしろう》首相に、「あなたの大学はエールというのですか、イェールというのですか」とたずねられたのはほほえましかった。

本書に書いたようなことを額賀大臣にもして、金融政策の重要性を訴えたこともある。大臣はしっかりと聞いてくれたが、こういう意見を返されてもいる。「浜田さん、学者としては『それが正しい』で良いが、政治家は、そしてあなたのような政策アドバイザーは、それがどうしたら実現できるかを考えなくては」

厳しくもありがたい助言であった。

その後すぐに、担当が麻生太郎《あそうたろう》大臣に代わった。麻生大臣は、ご自身が経営者でもあったため、またブレインに金融ではなく財政による景気振興を勧める人がいたらしく、「君のいうことは聞かなくても、私は経済が分かっている」という風情《ふぜい》であった。他面、歯切れのよい江戸っ子風で、人懐っこい好感の持てる人柄であった。

ところが、また数ヵ月すると、今度は森内閣が小泉純一郎内閣に代わって、担当大臣は竹中平蔵氏となった。そして、堺屋大臣の補佐をするはずだった私が、期間でいうと竹中大臣にいちばん長く仕えることとなった。

竹中氏は、内外で経済学の研鑽《けんさん》を積んでおり、学者としても優秀な思考の持ち主だった。私が意見をいえば、一言二言で内容が分かってしまう。長々と説明する必要はなかった。しかも、価格メカニズムを生かすために政府の介入を減らすという主張をしており、そのためには、デフレを防ぐような金融政策が必要だと考えていた。

したがって、経済財政担当大臣としては、日本銀行が量的緩和を離脱しようとするときなど、必ず金融緩和の必要性を説いた。細かなことを気にせず、世間の印象とは違って、黙々と政策の正道を歩む大臣であった。その後、郵政担当大臣となって、命がけで郵貯改革を行った功績は大である。

このように上司の大臣が代わったので、めまぐるしくはあったが、おかげで後に日本の要《かなめ》となる方々と知り合いになれた。諮問委員会のあとには軽食の集まりがあり、そこで当時の福田康夫《ふくだやすお》官房長官や安倍晋三官房副長官など、将来の首相にも、親切にしていただいた。

一石三鳥の政策とは何か

さて本論に戻ろう。いかに緩やかにではあっても、消費税を増税する際には、金融緩和が絶対の前提となる。

まずは名目所得を高めて税収の自然増に期待し、その後に税率を上げる。その順番を間違えてはいけない。そして髙橋洋一氏がいうように、デフレを脱却すれば、消費税の大幅引き上げも必要なくなるかもしれない。

私は髙橋氏のように財務の事情通ではないので、「増税の必要なし」とまでは断言はできない。しかし、増税幅が少なくなり、GDPへのマイナスの影響も小さく済むのは確かだ。まずは金融緩和が第一、消費増税はそれでも税収が足りない場合にのみ、それも緩やかに行わなければならない。

金融緩和をすれば円高傾向をも逆転できる。それからでも増税は遅くない。そうすれば、ロスがずっと少なくなるのだ。

デフレや円高が続く限り、金融緩和は国民経済にプラスになるのみ。現在は、将来に対する危険は何も生じない。日本経済がデフレや円高の状態にあるのは困ったことなのだが、そこには金融緩和政策の自由度が生まれる。

普通、途上国などでは、政府の赤字財政を助けようとして中央銀行が公債を買い上げると、直ちにインフレにつながる。ところが日本では、当面、日銀が同じことをしても、すぐにはインフレにはならず、インフレ期待も生まない。

日本の経済成長の分析や、「トービンのq」などについて世界的業績のある一橋大学の林文夫《はやしふみお》教授がいうように、「長期的にはお金を刷っても生産能力が増えるわけではない。しかし当座は過剰設備を動かして、生産を増やす。それでインフレという副作用がないのなら、どんどん日銀が国債を買ってしまえば良い」のである。

そのかぎりにおいて、たとえば復興公債の日銀買い上げ、またその引き受けも有効だ。公債を増やさないという目的、デフレ脱却という目的、さらに災害復興という目的を、みな同時に前進させることができる。まさに一石三鳥の政策なのだ。

こうして考えると、財務省はとにかく「消費税を上げたい」の一念で、それを国民経済の目的にすり替えているのが分かる。

つまり、金融緩和によって景気を回復することも可能なのだが、それでは歳入欠陥が解消してしまい、増税ができない。そのため、髙橋氏によると、「財務省はデフレを続ける日銀の『隠れ支持者』になっている」のだ。

おそらく財務省は、消費税という形で自分たちが支配できる財源がほしいというだけでなく、税率を引き上げるという権限そのものを求めている。

一時的に消費税を増税しようとする案も、まったくのボタンのかけ違いだ。国民が災害で苦しんでいるときに増税で苦しめて、将来その苦しみが癒されかかったところで消費税を軽減しようとするなど、手順が違うとしかいいようがない。

「三方一両得」の金融緩和

余談になるが、与謝野馨氏と小沢一郎《おざわいちろう》氏は碁仇《ごがたき》であるという新聞記事を読んだことがある。私も碁が好きで、自民党の浜田幸一《はまだこういち》議員がご存命のころ間に入る人がいて、「棋力《きりょく》も同じくらいだから『ハマコー対決』をしませんか」と持ちかけてきた。

場合によってはCS放送のスカパー!で放映したらどうですかというのである。しかし結局、「碁を楽しむのは良いが、勝ち負けを人様に見せることもないだろう」という幸一先生のもっともな意向で、対局は実現しなかった。

もちろん対局に臨むには、負けたときの覚悟もできていなくてはいけない。とはいえ人前でポカなどして、ひどい負け方をしたくないと思った私は、対局の話が持ち上がると、普段は読まない「死活」に関する本を読んでみた。木谷道場入門シリーズの『死活と攻合い』(河出書房新社)編だ。一冊だけだが読み込んでみると、たまに行く碁会所での棋力が半目(一段の半分)ほどは上がったように思えた。

将棋でもそうだが、囲碁においては、打つ手の手順が重要となる。手順が前後してしまうと、勝てるはずの勝負も勝てなくなってしまう。

経済も同じだ。財務省の好む消費税率の引き上げを金融緩和の前に行ったら、それは完全な手順前後。国民経済は橋本龍太郎内閣の消費税引き上げと同じ経路をたどる。デフレと円高に苦しむ日本経済であるならば、需要増を伴わない消費財の価格高騰で、いっそう苦しむことになる。

その結果、税率を上げても税収は減る可能性がある。消費税収は増えたとしても、所得税や法人税が減少してしまう公算が大きいからだ。

デフレ下で増税して国民経済が回復した前例は世界にない――ギリシャの将来の不安な理由もそこにある。

日本経済は閉塞化《へいそくか》し、円高、若年失業、輸出産業の崩壊、産業空洞化、地方の衰退といった、なし崩し的縮小が起きるのは必至だ。

だが、先に金融緩和を行って、景気が回復してから増税（たとえば消費税の増税）を行えば、円安が生じ、デフレ圧力も和らぐ。労働市場も好転することになる。株式市場も活況を呈するだろう。

このことは、先述のバレンタインデーの政策変更の効果が現れたことからも明らかだ。あのときは一パーセントの「目途」だったが、アメリカ並みに二パーセントのインフレ「目標」とすれば、効果はさらに高まる。

実際、野田政権が二〇一二年八月、民自公の三党合意によって半ば無理やりに通過させた消費税引き上げ法案にも、「景気が回復したところで実施する」という条件があった。その条件を厳密に解釈するならば、増税の前に金融緩和を行うことを、法的な正当性をもって主張できた。

金融緩和によって全体のパイを増やし、国民が豊かになり、デフレと円高を解消する。そうなれば産業も潤い、同時に財政当局も税収回復の利益を受ける。落語ではないが「三方一両得」だ。

恩師、館先生が指摘したように、「政策は分配の争いを裁くよりも、当事者がみな豊かになる方向に向かうとき、最も有効となる」のである。日銀は、そうなることで過去の誤りが明らかになり、面目を失することを危惧《きぐ》しているのかもしれないが、中央銀行の面目や財務省の権限拡大と国民や産業界の利益、そのどちらが大事なのだろうか。

私も将来的な増税が不要だとまではいわない。まして、東日本大震災のような甚大《じんだい》な災害に見舞われた日本には、大きな財源が必要となることは理解している。ただ、時期が重要になる、ということなのだ。

言い方を変えれば、未曾有《みぞう》の国難に瀕《ひん》しているいまこそ、一国の経済を司る人々が「石頭」から脱却するチャンスでもある。

不況とデフレが共存しているからこそ、金融緩和が副作用のインフレなしに景気を立て直すことができる。絶対のピンチがあるところに、起死回生の方策が待っているのだ。

第七章　「官報複合体」の罠

閉鎖性が突出――日銀記者クラブ

ここまで書いてきたような内容は、新聞やテレビではなかなか取り上げられることがない。海外のメディアでも、日銀の政策を強く批判するような記事を見かけることは少ない。

――その原因は、メディアにとっての最大のニュースソースが日銀であることだ。金融記事に関しては、金融当局である日銀に取材してからでないと書きにくいのが現状なのである。

海外のメディア、あるいは国際機関であるIMF（国際通貨基金）やOECD（経済協力開発機構）に対しても、日銀の職員は丁寧に「説明」するだけでなく、「説得」もするという。中立であるべき存在を「身内」として、引き込んでしまうのだ。よくIMFから、日本は財政再建に積極的に取り組むべきであるという論調のニュースが発せられる。高橋洋一氏によると、これはIMFに出向している財務官僚が発信している、とのこと。

日銀は、いかにしてメディアの情報をマニピュレート（操作）しているのか――このことは、私もイェール大のゼミで学生たちと勉強してきた。そこで一般的なテーマになってくるのは、日本における審議会と記者クラブの役割だ。

日銀では、金融研究所という組織が、他の省庁における審議会のように使われている。そこに学者を招き、個室を与え、研究費を与えるのだ。

「金融研究所に一年間いて元の職場に帰ってくると、人が変わってしまう人が結構いるんです」

そう髙橋洋一氏は語る。「日銀記者クラブの閉鎖性は突出しています」ともいう。

日銀総裁を「起立、礼」で迎える記者

このところ、記者クラブ制度が、日本におけるマスコミの最大の問題点として騒がれるようになった。そのせいもあって、民主党政権になってからは、記者クラブが開放されようとしたのも確かだ。フリーの記者を中心にした「自由報道協会」という新しい流れも出てきた。

しかし、依然として閉鎖的なのが、日銀記者クラブだという。

ここにはメディアの人間なら誰でも入ることができる、というわけではなく、それができるのは、大手の新聞やテレビの記者のみ。フリーのジャーナリストや雑誌メディアに属する人間は、記者会見を取材することさえ許されない。

このような記者クラブのシステムは、先進国では日本だけだ。

しかも、である。高橋氏によれば、日銀クラブの会見に総裁が出席する際には、記者たちは「起立、礼」をして総裁を迎えていたという。まさに異常な光景というほかない。

まるで学校のようだが、日銀総裁と記者の関係は、まさに先生と生徒のように、「教えてあげる」立場と、「教えてもらう」立場となっていた。だから「生徒」である記者は総裁に対して（日銀に対しても）へりくだる。記者たちは、日銀から教えてもらわないと記事を書くことができないのである。

そんな関係であれば、メディアが日銀を批判することなどありえないことになる。

消費税で癒着する財務省と新聞社

牧野洋《まきのよう》氏のベストセラー『官報複合体　権力と一体化する新聞の大罪』（講談社）によって、権力とメディアの癒着関係が多くの人に知られるところとなった。

高橋氏も以前から、経済論理の本質を冷静に見通しながら、自らの体験に基づいて、権力、とりわけ財務省をはじめとする省庁の体質を批判してきた人物の一人である。組織の実情に詳しいので、私もたびたび教えてもらった。

高橋氏によると、財務省と新聞社の癒着もひどいものだという。

彼も私に似て、「増税よりも先にやることがあるはず。それは金融政策であり、政府資産の売却などである」という主張の持ち主である。

だが財務省は、政治家を陰で操り、増税へと邁進《まいしん》する。消費税アップは、財務省が自由に使えるお金を増やし、権力を強化することにつながる。税率アップは、財務省の利権と密接な関係にあるのだ。

消費税率がアップすると、まるでセットのように、企業への軽減税率やゼロ税率の話も出てくる。こうして財務省は、さまざまな業界に対し、「いい子にしていれば税率を軽減・免除してあげるよ」という権限を行使できるようになる。

そして新聞は、「消費増税やむなし」を世間に印象付ける記事を掲載する一方で、新聞の社会的使命を自ら主張し、新聞に対する消費税の税率軽減を要求する。この要求は、以前は「報道されない事実」だったが、いまではそんな意見が堂々と新聞紙面に掲載されてすらいる。

どの業界に軽減税率を適用するかは、監督官庁、すなわち財務省次第である。つまり財務省などの利権だ。

こうした事情があるからこそ、新聞は消費増税に賛成しているといっていいだろう。その背景にあるのは、軽減税率の実現なのだ。見方を変えれば、税率が高くなることで軽減税率の価値も上がり、そのことで財務省の権限も高まることになる。

もっとも、このような癒着が明らかになった時点で、新聞はもはや、まっとうな社会的使命を果たすメディアではなくなってしまったといえるだろう。となれば当然、軽減税率の正当性もなくなってしまうのだが、それでも新聞は「増税やむなし」とし、「新聞社への軽減税率」を訴える……。

役所のペーパーがないと記者たちは

「霞が関の役人にとって、マスコミを意のままに操るのは、朝飯前である。そもそも官庁詰めの記者と役人は一体化しており、記者は身内のようなものだからだ」

髙橋氏は『日本は財政危機ではない！』（講談社）のなかで、そう記している。

その原因となっているのは、記者クラブ制度だ。各省庁の建物、その一室が各紙の記者に与えられ、そこをベースにして取材が行われていく。関係が密接になるのも当然の話だ。しかもこのスペースは、税金で賄われている。

記者クラブ所属の記者には、アポイントメントなしで役所内の部屋を訪問できるという特権もある。なんのためかといえば、ネタをもらうためだ。

そして、記者たちが特にほしがるのが、役所が出すペーパーだそうだ。髙橋氏は、財務省時代、あまりにも「紙」をほしがる記者たちを見て、「これではまるでヤギじゃないか」と思ったと皮肉をいっている。

実際、役所と記者クラブの関係は、「餌《えさ》を与えるもの」と「餌をもらうもの」の関係に等しい。極端な表現を許してもらうなら、記者クラブの記者たちは、役所のなかに設《しつら》えられた部屋で飼われ、ペーパーという餌をもらって生きているのである。

そんな関係である以上、批判的な記事は許されない。もしくは、無意識に規制してしまう。むしろ役所の意見の代弁者になってしまう。

新聞がどれだけ役所の意向を気にするか——その典型的な例も、髙橋氏は挙げている。

大蔵省官僚だった頃、ある新聞に頼まれて仮名で原稿を書いたところ、それが髙橋氏の手によるものだと知らないデスクがこんな文句をいったのだそうだ。

「勝手なことが書いてあるが、役所の確認は取れているのか？」

ことほどさように、役所とメディア、とりわけ新聞との結びつきは強く、そして歪《いびつ》だ。

「我々も東大記者クラブを」

高橋氏の話は、私が東大の大学紛争のときに体験したことを思い出させる。

あの時代、管理者でも学生でもない助手という宙ぶらりんの地位にあった私は、紛争が収まりかけた頃に、助教授という「教える側」に属することとなった。そうして全学の広報委員会の委員を仰《おお》せつかった。

当時、広報委員長だったのは、法学部の篠原一《しのはらはじめ》先生だ。篠原先生は岩波新書などで有名な進歩派の教授であり、私も親切にしていただいた。

ここから書くことは、社会学としての一題材であり、先生への学問的、個人的批判ではない。

当時、大学紛争が長引き、世間の批判やメディアの関心も高まっていた。篠原先生はそんな状況に際して、「我々も東大記者クラブをつくり、良い部屋を開放して、報道記者を丁寧に待遇しなければならない。各省とも、良い部屋や秘書的業務の提供などサービスに努めているのですよ」と語っていた。

どれだけ東大の記者クラブが充実したかは覚えていないが、進歩的学者である篠原先生の意外な一面を見た気がして驚いたことは、いまでも記憶に残っている。

ベストセラーは日銀広報誌の連載から

さて、NHKで記者とキャスターを歴任した池上彰《いけがみあきら》氏は、いまの日本で最も有名なジャーナリストの一人だろう。キャスターとして「週刊こどもニュース」を担当。以前、帰国した際に、「日本の子ども番組は充実しているな」と、大人ながら感心したことがある。

フリーとなってからもさまざまなテレビ番組でレポートやニュースの解説を精力的に行い、著作もよく売れている。一般庶民の目線で、分かりやすく平易な言葉で解説するところは、私も見習わねばならないと思っている。情報をいかに届けるかという点について、池上氏の功績は大きい。

池上氏の有名な著書に『日銀を知れば経済がわかる』（平凡社）がある。タイトルどおり、日銀について分かりやすく解説したものだが、この本、元になっているのは、「池上彰のやさしい金融経済教室」という、日銀の広報誌「にちぎん」上の連載なのである。

その事実をもって、池上氏を「日銀の手先」というつもりはない。だがそういう連載をしていれば、日銀に多少なりとも情が移ることはあるだろう。内容に関しても、少なくとも連載時は、日銀サイドのチェックが入っていたはずである。

そんな池上氏も、最近の論稿を読むと、日銀に対しての一抹の疑いが出てくるときがあるようだ。リフレ派になったとか、日銀批判派になったとまではいえないが、しかしときどき、リフレ派の主張も両論併記の形で紹介している。

評論家のなかでは、社会に与える影響力という点でも、議論の公平さに関してバランスが取れている点でも、池上氏は尊敬できる。ただ池上氏は、日銀記者クラブに通って日銀のことをよく知っているのは確かだが、経済や金融のメカニズムについて詳しくないのはやむをえない。

たとえば、高視聴率を記録した「そうだったのか！ 池上彰の学べるニュース」という番組で、池上氏はデフレ不況を興味深く説明したが、デフレ脱却法の結論は、「みんながお金を使えば、その日から景気が良くなります」というものだった……。

たしかに、みんなでお金を使えば景気は良くなるのだが、問題は「なぜ誰もがお金を使わないのか」である。どうすれば「みんながお金を使う」ようになるのかを解説せずに「お金を使えばいい」では、結論として不充分だ。

その「みんな」がどの程度いるのかも問題である。もし、この番組を見て分かった気になり、お金をどんどん使った人がいても、そういう人は視聴者のごく一部、圧倒的な少数派だろう。それでは単なる浪費になりかねない。

心構えだけでは日本経済は治らない。系統的な政策、たとえば金融緩和が必要なのだ。

また、最近話題になった『池上彰のやさしい経済学－1　しくみがわかる』『池上彰のやさしい経済学－2　ニュースがわかる』（以上、日本経済新聞出版社）も読んでみた。制度の仕組みは分かりやすく書いてある。しかし、なぜデフレや円高が起こるのか、それを理解する助けとなるようなこと、あるいは日本経済が不況から脱する方法が何かなどは、ほとんど書かれていない。

池上氏は日銀の制度には詳しくても、経済の専門家ではない。だから、彼の書物に書かれている経済メカニズムへの理解が不充分だと読者が感じても当たり前である。ただ、「有名な池上さんが書くものだから、現在の不況を脱する鍵が書いてあるはず」と思って読もうという方は注意していただきたい。

もちろん池上氏は、メディアの世界では良心的な部類だといえる。日本には、充分な訓練を受けることなく（それどころか、なんの訓練も受けずに）、経済評論家を自称する人物が何人もいる。なかには、経済学の常識から見るとはっきり間違いだといえる内容を盛んに喧伝《けんでん》し、著書をベストセラーにする人もいるほどだ。

まさに「悪貨は良貨を駆逐する」ということである。とはいえ、間違った言説が広く流布《るふ》するのは大きな問題だ。それがデフレ政策の支持され続ける土壌にもなってしまうことを、決して見過ごすことはできない。

といって、私ひとりの力では、世の中に出回る自称・経済評論家を駆逐し、経済評論の質をコントロールすることはできない。やはり、本書を手に取られた方々に、一刻も早く、正しい経済学に目覚めてほしいのだ。

間違った経済学、偽りの金融論が広まり、その結果として、日本はデフレから抜け出すことができず、不況や失業がもたらされ、世を儚《はかな》んで命を絶とうとする人まで少なからず出てきた。

そういった流れを生み出す助けになってしまうという点で、自称評論家には大きな責任がある。自称評論家だけではなく、学者たちも同じこと。間違った議論を展開し、人々に誤解を与えることを商売にするようでは、「経済学は役に立たない」という批判からも逃れられない。

日銀が説明に使う詐術まがいのグラフ

私や、髙橋洋一氏、若田部昌澄氏、勝間和代氏のように、日銀流理論を批判する者は、経済関係のメディアの世界では、なかなか主流になれない。正しいことを書きながらベストセラーを連発する勝間さんは、逆境を才能で克服している、まことに稀有《けう》な例だといえるだろう。

マスコミは、ここまで書いてきたような事情から、どうしても、日銀や各省庁に都合の良い世論を形成するための紙面に偏りがちだ。同じことは、有識者や学者たちにもいえる。いわゆる「御用学者」の育成である。

しかも役所は、有識者や学者の取り込みが非常にうまい。

たとえば、学者が経済新聞に記事を書く場合だ。有名な全国紙に寄稿するとなれば、その学者にとっては大きなチャンスとなる。そこに、ある経済学者が、役所を批判するような文章を書いたとしよう。するとどうなるか。

その日のうちに、役所から連絡が来る。いわく「先生の原稿についてご説明をさせていただきたいのです。お伺いしてもよろしいでしょうか」——。

説明とは、すなわち懐柔である。膨大なデータを用意し、細かい間違いを指摘して、しかし、あくまで低姿勢なまま反論を展開していく。

ここで論争をしても、細かなデータに関しては、学者がかなうわけがない。なにしろ、役所が握っているデータは、国家予算と大量の人員を使って収集・分析したものなのだ。また、学者は根が真面目だからか、たとえ細かいところであっても、間違いを指摘されると強くは言い返せなくなる。

そうして学者を追い込んだところで、役人が繰り出すのは甘言《かんげん》だ。

「今後、先生にこのようなことがないよう、私どもにおっしゃっていただければ、いつでもデータをお持ちいたしますので。また、○○研究会にもお呼びしましょう」

役所のデータが手に入るとなれば、学者にとっても魅力的だ。こうして彼は役所に取り込まれていく。もう二度と、役所の批判など書かないだろう。

私自身、最近、日銀マンと同席した際に、熱心な「説明」を受けたことがある。「日銀流理論」がいかに正しいかを説明されたのである。

だが、そこで使われたグラフは、一見すると日銀の正しさを証明するようなものだが、実は都合の良い時期だけを計測し、計測単位を拡大したものだった。日銀は、そうした詐術まがいの手を使ってでも批判を封じようとした。

「先生は、日本銀行の政策が世界的に見て異常だとおっしゃいますが、この時期のグラフを見ると貨幣はまったく物価に効いていない。異常なのは日本経済の体質です。正当な政策をとっても、デフレが解消されないのですから」——。

それが日銀の言い分だった。異常なのは日本経済の体質であり、自分たちに責任はないという。しかも、根拠は都合良くいじったグラフを使って……。とても納得はできなかった。

もし、役所が反論できないような学者、あるいは「説明」にも折れず逆に論破してしまうような学者が出てきた場合には、御用学者の出番となる。役所から新聞社に、「反論を書きたい。後で学者を指名する」という電話が入るのだそうだ。そして、名の通った御用学者が反論を執筆する。

その結果はどうなるか。良くて論争、悪ければ「後出し」の反論のほうが説得力があるように見えるから、世論もそちらへ流れてしまうことすらある。

役所に取り込まれるか、反論にさらされながらも戦うか。

学者もまじめに対処するのは骨が折れるし、命がけの論争をするのは消耗する。しかし、誤った政策を推進する役所や日銀に取り込まれたつけを払うのは誰か——それは、デフレや円高不況に悩まされる、国民なのだ。

日銀が無視する海外からの論文とは

私が日銀を批判したり、デフレの弊害について語ると、多くの学者は口をつぐんでしまう。優秀な学者ほど、そうなる傾向がある。もしかすると、「将来、日銀の政策委員会審議委員に指名してもらえなくなるのでは」と心配しているのだろうか。もしくは、日銀の行内研修の講師として依頼されなくなる。あるいは、教え子が日銀に就職できなくなる。日銀金融研究所が主催する国際会議に招待されない……。そんな心配もあるのかもしれない。実際に日本の大学や研究機関で働いていると、そうなってもおかしくはない。

本書を読んで、「あなたはアメリカで暮らしているから、そんなにずけずけとものがいえるのだ」と怒る学者がいるかもしれないが、そういう人は、本当に国民生活のことを考えているのだろうか。

日銀のパワーをもってすれば、日本の経済学者たちを思想統制してしまうことも不可能ではない。少なくとも、仕組みのうえでは、そうできるのである。

断っておかなければならないのは、私が知っている日銀マンたちは、そのほとんどが人当たりのいい立派な紳士であるということだ。白川総裁にしても、その人格に疑うべきところなどなかった。「まじめ人間の社会的機能」を冷静に分析している勝間さんの言葉を借りれば、みなまじめで、しかし「組織にまじめすぎる」人物なのだ。

私の教え子で日銀に就職した人間も多いから、かつては「日銀はほかの政府機関と比べても人柄の良い人間を採用しているな」という印象を持っていた。それなのに、

「個」ではなく「全体」になると、日銀も、そしてマスコミも学者たちも、日本経済をデフレ不況の底に沈めるような方向に協力してしまう。

一般の学者たちは、デフレや金融政策、とりわけ景気対策の議論には消極的だ。デフレ脱出や金融緩和について書かれた本や、その著者に対する批判も多い。それも、細かい、技術的な論点にこだわるものばかりである。

日本銀行の金融政策は、ゴルフでグリーンに向けて打つべきボールを、逆方向に向けて打とうとしているようなもの。それに対し、なんだかんだと理屈をつけて正当化する学者があまりにも多い。

あるいは、バンカーに入ったボールをサンドウェッジではなくパターで持ち上げようとしているような政策も多い。その理由を聞かれると、日銀もマスコミも学者も、「グリーンに向けて打っても、もしオーバーしてしまうと、崖《がけ》が待っているのです。ハイパー・インフレという崖が」と返す。しかし日本経済は、戦後六〇年以上、石油危機以外の時期では、インフレの崖どころか窪《くぼ》みにすら落ちたことがない。

日銀は、海外の有名な経済学者を招いた国際会議を数多く開催している。だから、日銀は最新の経済学だって知っている、外野から余計な口出しをすべきではない、そう日銀を弁護する人もいるようだ。

だが実際にはどうか。何度もいうように、日銀は経済学二〇〇年あまりの歴史を、まるでなかったかのようにしてきた。日銀の国際会議で発表された海外の経済学者の論文がいかに鋭くても、日銀の主張と違っていれば、徹底的に無視してしまう。世界的に見れば当たり前のことで、それが日本経済のためになる学説であっても、その提言は政策として採用されることはまったくない。

税金の無駄遣いだ。

日本のデフレは金融緩和の不足が原因だ。また、短期証券だけの買いオペでなく、ＦＲＢがやろうとしていたような証券の買いオペが必要なのだと私は説いてきた。全面的に賛同してくれる岩田規久男、髙橋洋一、若田部昌澄、原田《はらだ》泰《ゆたか》、竹森《たけもり》俊平《しゅんぺい》の諸氏、一部に意見の差はあっても本質的に賛同してくれる岩田一政、伊藤隆敏諸氏らとともに、以前からずっとそういってきたのだ。

だが、そのことを、多くの経済学者、つまり本来は仲間であるはずの人間たちが分からない。もしくは分かろうとさえしない。

だから私は、マスコミよりも学者よりも、日銀よりも政治家よりも、日々の暮らしを誠実に生き、日本経済の問題を肌で感じている読者の皆さんに分かっていただきたい。そして、そのために必要な日銀法改正を、国民が投票を通じて実現できるような社会にしてほしいと願っている。

というのも、黒田東彦氏が日銀総裁に就任してから日銀幹部の本音を聞いたことがあるのだが、私は空恐ろしくなってしまった。その内容については擱《お》くとして、日銀法をこのままにしていたら、守旧派はクーデターを起こして、日本経済に新たな「失われた二〇年」をもたらしてしまう可能性がある。

また、私が経済学の基本を学んだのは東京大学経済学部である。その批判をするのは忍びないことではあるのだが、東大の教授陣は「金融は経済に効かない」という、マクロ経済学での「天動説」を説く人たちが多数を占めている。この事実と日銀守旧派の動きを総合すると、私の心配はいや増すのである。

ジャーナリズムは「正義の味方」か

先述したように、二〇一〇年秋学期の半年間、私はハーバード大学の「日米関係プログラム」に「安倍フェロー」として赴《おもむ》いた。そこでは、かつてイェールの大学院で指導教官を務め、その後も金融政策の国際協調の研究で相談相手となってくれたリチャード・クーパー教授とも再会。久しぶりに親しく議論できた。

安倍プログラムに応募するのを、「もうこの年では」とためらう私に勧めてくれたのが、同プログラムの主宰者であるスーザン・ファー教授である。日本研究者だからではないだろうが、「大和なでしこ」を髣髴《ほうふつ》させるおしとやかな風貌のファー教授。だが、さすがはエドウィン・ライシャワーやエズラ・ボーゲル両教授の後継者だけあって、研究会などでのコメントは厳しい。また総括等の采配《さいはい》ぶりも見事である。ファー教授には、カリフォルニア大学のエリス・クラウス教授との共著『日本におけるメディアと政治』がある。同書の基本的メッセージは、「メディアは手品師である」というものだ。「手品師」は、原文では「トリック・スター」。日本ではあまり馴《な》染《じ》みのない言葉かもしれないが、子どもの誕生パーティなどに呼ばれるマジシャンのような職業だ。

同書によれば、宮澤喜一《みやざわきいち》内閣がつぶれたのも、メディアが政界の通念を破り、読者に新しい世界を「手品のように」見せたからだという。なお同書には、アルトマン京子氏も、記者クラブについての論文を載せている。こちらも有益な文献である。彼女は昔、イエール大学で、私の授業に出ていたように記憶している。

ジャーナリズムは、政治権力に濁されない「正義の味方」であって、政界を見守っているという見方は、私の「安倍フェロー」でのテーマ、「経済（金融）政策が間違うのは、無知によるのか、利害によるのか」に直接関係する。そこで私は、ファー教授にインタビューを求めた。

ファー教授は、「あとでならインタビューに応じてもいいのですが、日米プログラムには、日本の大新聞の記者が来ています。明日、私の家でクリスマスパーティをやりますので、ボストンに来て、まずは問題のご本人たちに聞いてみるといいのでは」と、うまくボールを中継されてしまった。

「デフレの問題は社内でも微妙なので……」

こうして二人の記者に会見を申し込むと、そのうちの一人の記者は、私が内閣府にいた時代に取材に来られたこともあるという。しかし、「デフレの問題は社内でも微妙なので、私の社名、氏名ともオフレコにしてください」ということだった。

「社内で微妙」というのは、じつによく耳にする、まさに微妙な表現だ。しかし記者は、微妙でも明白でも、そこにある真実を世に伝えるのが仕事ではないのか。

もう一人の記者は、アメリカに来たばかり。「マンキューの教科書を興味深く読んでいます。日本の教科書より分かりやすいです。私は、実名を出してもかまいません」という。

パーティの前ということもあって、二人一緒のインタビューとなったので、ここでは二人とも名前を伏せておく。しかし、中堅の現役記者からさまざまなことを聞くことができたのは、少なくとも興味深い体験だった。率直に対応していただいたお二人にはたいへん感謝している。

以下、批判がましいことも書くが、それはお二人にというよりも、新聞紙上に見る記事一般に対する意見である。

まずは率直な感想から。オフレコだから柔軟な意見が聞けると思ったが、そうでもなかった。

たとえば一人の記者は、「為替レートには、その時々の政治情勢、突発事件など超短期の要因、そして長期の生産性、競争力などの要因があるが、それは充分に配慮しています。いまの経済学で分かることはみな考慮しているはずです」という。

しかし、そこには為替に決定的な影響を与える要因がほとんど除かれていたのである。つまり、現在の経済問題の理解に肝要な、金融政策が物価や為替レートに及ぼす影響などは無視していたのだ。

政治情勢や生産性とは別に、外国の金融拡張が円高を促し、自国の金融拡張が円高を阻止するという変動相場制下の基本原則も、まったく理解してないようだ。なぜ私が新聞の一面や経済面にがっかりするか、その理由が分かったような気がした。

また中堅の記者が、「マンキューの教科書を読んでいます」というのは、不思議な感じもした。マンキューの教科書は、大学レベルの入門書だ……。とはいえ標準的な経済学を学ぼうとしているわけだから、私としては応援したい。

「どうしたら、現在の新聞の無理解、日銀のいいなりになるような偏見を正すことができるのか」――そんな私の問いには、「論説委員に集まってもらって説得するしかないでしょう」ということだった。

実は、それに近い機会を、国家ビジョン研究会（中西真彦《なかにしまさひこ》代表）の厚意でつくってもらったことがある。そのことはたいへんにありがたかったのだが、新聞業界のお偉方の意識改革は難しいと感じるばかりだった。そこでも記者たちが、いま、いちばん日本経済が欲している金融緩和を、口をそろえて「劇薬です」と述べていたのには驚愕の念を覚えた。

二人の新聞記者も、その金融知識は、あくまで日本式の偏ったものなのだが、「公平にいろいろな考え方を反映しています」と胸を張る。「デスクが記者の書いた記事に圧力を加えることもない」という。

東京電力に関しても、新聞に広告を出してくれる大手のクライアントだったが、地震の前も、批判的な記事をデスクに拒否されるようなことはなかったと……。

新聞がカットした増税に関する表現

それでもマスコミが日銀寄りではないかと私が思う理由は、私の執筆に関係した実体験によっている。

私もしばしば新聞に寄稿している。立場でいえば、「書かせてもらっている」。だから、マスコミに批判的なことをここで書いたら、もう原稿やインタビューの依頼が来ないのではないか、という不安が頭をよぎらないわけでもなかった。

ただ、私はアメリカ在住であり、年齢のこともある。マスコミからどんな仕打ちを受けても、そう恐れることもない。むしろ、批判や待遇に関する恐れから、マスコミや日銀に対して怯《ひる》んでしまう学者が多いことが問題なのだ。だからこそ、日銀による情報操作、学者の操縦が可能になっているのである。

重要なのは、私の原稿収入より、日本国民の将来だから、あえて読者に伝えたいと思う。

私はリフレ派のなかでは恵まれているらしい。ハーバード大のクーパー教授と共著を出したこともあってか、二〇一〇年、某経済紙に数ヵ月の間に二度、金融政策の重要性を訴えるチャンスがあった。

ところが最初の原稿では、若田部、勝間両氏との共著『伝説の教授に学べ！』に掲載した故岡田靖《おかだやすし》氏によるグラフを引用しようとしたら、紙幅の関係で削ってくださいという。

これは、日銀の金融政策、その無策ぶりが円高を招いて、日本の生産を激減させたことを示すグラフ。アメリカの有名経済学者に見せると、ひと目で私の意図が分かってもらえる重要なものだった。ノードハウス教授も、ジョルゲンソン教授も、かつて共和党の大統領諮問委員長だったフェルドスタイン教授も、このグラフを見ただけで私の質問の本質を理解してくれた。

経済紙には三つのグラフのうち、なんとか二つは頼み込んで掲載してもらったのだが、今度はまた別の問題が持ち上がった。

本書にも書いた、「震災からの復興を目指す時期に増税するのは、病気の子どもに荷物を持たせ、病気が治ったら荷物を下ろしていいというようなもの」という表現が、紙面から消えてしまったのだ。二度目の記事では掲載されたが、「やはり新聞は日銀の味方なのか」と勘ぐらずにはいられなかった。

また、新聞社系の某総合誌は、「政府の円高総合対策はまったく対策になっておらず、国民の税金を使って日本空洞化を助けるものだ」と書いところ、その意図をよく理解してくれた。野田内閣を批判するキャッチフレーズを、いくつか教えてくれたほどだ。

しかし、「新聞や雑誌の売れ行きが落ちているのも政府のデフレ政策によるものなのに、どうして各紙とも日銀のデフレ政策を擁護するのだろう」という言葉は、最後の校正ゲラまで残っていたが、発行された誌面からは消えていた。

もちろんこれらは、担当編集者だけの責任ではなく、デスクや編集長の意向もあるのだろうが、落胆させられたのは事実だ。

当時も新聞社系の週刊誌から、日銀、それに白川総裁の政策について二時間ほどじっくりとインタビューを受けた。私の批判的立場もよく理解してくれた。

だが校正ゲラを見ると、インタビューは一〇〇〇字以下の短いもの。担当した記者もその点を恐縮していたのだが、私が強調した、「エルピーダの破綻も、元をただせば日銀の金融政策が円高を放置したせいですよ」という点にまったく触れていなかった。「そこだけは活かしてほしい」と頼んで、やっと載せてもらったのだが……。

もちろん、それぞれの記者、編集者は、私に興味や好意を持ってくれている。だから、私と日銀とのペッキング・オーダー（権威の序列）を争っても仕方がないように、記者とのペッキング・オーダーは争わない。ただ、ここで読者に分かってほしいのは、このような原稿操作によって、国民の未来のために知らなければならない情報が遮《さえぎ》られてしまうということだ。私には、それが残念でならないのである。

『官報複合体』が明かす驚愕の真実

日本経済新聞の編集委員を経て独立した牧野洋氏が著した『官報複合体　権力と一体化する新聞の大罪』はベストセラーになったが、日本のメディアの真実を鮮やかに描き出している。

たとえば、日米の記事の作り方の違いだ。

アメリカで特ダネを得ようとする記者は、多くの場合、独力で取材していく。そこから、ウォーターゲート事件のように、大統領の座さえ揺るがすような記事も生まれるのだ。

一方、日本の場合は、検察庁、財務省、日銀といった「お上」のお墨付きのあるデータから記事をつくろうとする。そのことで、各組織にとって都合の良い解説付きの記事ばかりが紙面に掲載されることになる。

「生のデータから自分で経済法則を考える能力も意欲も、普通の記者は持っていません」──

聞の田村秀男論説委員だ。

そういうのは、自身でエクセルを駆使して経済データを明快に記事化する、産経新聞の田村秀男論説委員だ。

田村氏が指摘するような記者ばかりだから、経済の基本原理も勉強しないし、そのため各省が文章にした解説を待つしかない、ということとなる。

特ダネに必要なのは、各省や政治家から少しでも早く情報を得ること、そのために要人と密接な関係を保つ「夜討ち朝駆け」の取材だ。そうして一部の記者は、有名政治家の側近的存在、たとえば「田中番」「福田番」などを経て、実力者になっていく。「お上」に近づくことこそが出世への道――それが日本のメディアなのである。

また、カメラ等で高い技術力を誇るオリンパスでは、投資の失敗を、古い経営陣が「飛ばし」という手法で隠し、粉飾決算でもみ消していた。それを外国人CEOのマイケル・ウッドフォードが会員制月刊誌の記事から気付き、社内を改革しようとしたが逆に解任されてしまう。

そんな大事件にも、記者クラブに属する新聞・テレビは、最初は食いつかず、外国人経営者の一人相撲に終わりかねなかったという。

なぜなら、新聞・テレビは、警察が動かなければ報道しようとしない傾向があるからだ。結局、検察が動いたことで新聞・テレビも追及を始めたのだが、このあたりにも日本の新聞・テレビの体質がよく表れているといえるし、牧野氏はそれを鮮やかに描き出している。

小沢一郎報道のバイアスでわかること

新聞・テレビの姿勢に関していえば、小沢一郎《おざわいちろう》氏のいわゆる陸山会《りくざんかい》事件についても、首をかしげざるをえなかった。

私は、小沢氏の政治的姿勢については、まったく中立の立場である。そもそも、はっきり判断できるほどの情報を持ちあわせていない。

ただ、小沢氏とそのグループは、私が主張する金融政策の重要性について、他の政治家グループよりは理解がある。デフレや円高、空洞化と地方切り捨てに関して、高い問題意識を持っている点にも好感が持てる。

私が疑問を感じたのは、彼が無罪になったときの新聞・テレビにおける報道のされ方だ。法廷審理の過程で問題とされたのは、検察官が用意した捜査報告書に証拠能力があるかどうかということ……実は私の友人にも、総会屋事件に関係した罪で逮捕され、「署名しなければ留置所から出さない」と脅されて、しゃべってもいない内容の供述書にサインさせられた人間がいるのだ。

日本が法治国家であるためには、正当な手続き以外では、何人《なんぴと》も罪を負わされてはならない。陸山会事件の裁判でも、その基本原則がないがしろにされたのだ。

だが、多くの新聞・テレビの報道では、そんな基本原則が忘れられていた。「無罪にはなったが、小沢氏とその周囲には不明瞭なものが感じられる」といった調子だ。「限りなく黒に近いグレー」という、ある政治家の言葉を肯定的に伝えた番組もあった。裁判は白か黒かを争うもので、グレーの濃淡など関係ないにもかかわらず、である。

日本の報道では、しばしば、というよりほとんどの場合、「推定無罪」「疑わしきは罰せず」という裁判の基本が無視される。あくまでイメージで語られ、逮捕、起訴された段階で罪人扱い。それも、メディアがあくまで、警察や検察の情報ばかりを頼りにしているからだろう。

経済に関しても同じだ。メディアで経済を報じる人間が日銀や財務省からの情報ばかりをあてにしている以上、記事や番組が、日銀あるいは財務省寄りになるのも当然なのである。権力とメディアの癒着は強く、深い。

「空気を読む」日本社会の弊害

東大出版会から『知の技法』という書籍のシリーズが出版されている（編者は小林康夫《こばやしやすお》氏と船曳建夫《ふなびきたけお》氏）。具体的に役立つ学習、研究のガイドブックで、日本では際立って充実しているといえるだろう。

試験の受け方、就職小論文の書き方、レポートの書き方といった、いわゆるハウツーものは多いのだが、こうした「どう学習するか」「いかに研究するか」という基本をしっかり身につけさせてくれる本は意外と少ない。だがそれは、学生や学者にとっては重要な、そして絶えることのない関心事なのだ。

『知の技法』で印象に残っているのは、次のような話だ。

日本で重要とされるのはコンセンサスを求めること。大学に入学するまでの一二年間の教育では、いかに周囲の考えに同調し共感するかを訓練されるという。たしかにそのとおりだ。それどころか、私は大学での教育も同じではないかとさえ思っている。

日本では、学校の、会社の、あるいは周囲の空気を読むことが大事にされる。オリンパス事件でも、ウッドフォード社長は、（外国人だからではなく）会社の空気が読めなかったから排斥されたように思える。実際には、彼には社内の「汚れた空気」が見えていたのだが……。

以前、私の金融政策に関する論争について、ある経済学者にこうたしなめられたことがある。

「父がいっていました。相手を本当に論破するためには、相手に『自分が論争に負けた』ということを気づかせないことが大切だ、と」

私の舌鋒《ぜっぽう》が時に鋭すぎると感じたのだろう。彼はアメリカの大学を卒業し、そこで教鞭を執ったのだが、心は「空気を読む」日本人なのである。学問的には彼のことを大いに尊敬しているのだが、批判の対象に遠慮は無用だと考えている。

私の思考の基準は日本にはない。アメリカのテレビでは、意見が対立する者同士が息をもつかせぬ勢いで激論を闘わせるのが常だ。その光景は「クロスファイア」とも「ハードボール」とも称される。

とりわけ大統領選においての、激昂《げきこう》ともいえる候補者たちの議論ぶりは凄《すさ》まじい。私には、それが普通の光景に見えるのだ。

ところが、ある日本のシンクタンクの討論会では、本書そのままに「日銀流理論」の批判を展開したところ、司会者に「この会では名指しの批判はしないことになっています」といわれた。

ある学者には、こんな言葉で議論の腰を折られた。

「先生のご意見は極端なので、議論が噛み合いません。共通点を見出すような話なら、議論も発展するのですが」

……まさに日本的な、空気を読む思考だ。だが私には、それが議論だとは思えない。

私は、相手がどんなに尊敬できる人物であっても、その意見に賛成できないときには、はっきりとそう表明する。名指しにするのも欧米の常識である。

地動説を唱える人間が、「天動説も一部は正しい」などというだろうか。私にとっての地動説とは、「デフレや円高は金融政策で解消できる」ということであり、天動説とは「金融政策は効かない」という「日銀流理論」だ。

健全な批判が名誉毀損になる日本

医者の世界でも、同じようなことがあるそうだ。意見が違っても、批判はしないのが通例だという。

昔の話だが、大学の理科系の二人の先生が正反対のことをいったため、学生がどうして違うのですかと質問したら、答えは、「専門が違うので他の授業の内容についての意見はいえません」というものだったという。いってみれば、医者の相手は患者なので、医者同士で争うべきではない、という考えなのだ。

経済評論家も、相手は読者、つまり国民である。非専門家がほとんどの相手にどう訴えるのかが仕事なのだから、同業者が間違った意見を流布《るふ》しても目をつぶるという風潮があるらしい。そんななかで、私がはみ出すのも当然のことだ。

私は誰に対しても遠慮なく意見をぶつけ、議論を闘わせる。そのために裁判を起こされそうになったこともある。

内閣府時代、ある高名な評論家を、雑誌のなかで名指しで批判した。彼の「金融緩和をせず、非効率な企業を淘汰せよ」という論説が、国民の将来を誤らせると思ったからだ。

アメリカでは、それが普通のこと。ポール・クルーグマンがイェール大学の歴史家ポール・ケネディを、「あなたは私の貿易論の授業では落第だ」と批判したこともある。私も同じ調子で、似たような、しかしずっと抑えた表現を使った。

だが、その評論家は、私に対し内容証明と配達証明つきの文書を送ってきた。内容は「名誉を毀損《きそん》するような言論を続けると、これ以上の手段に訴える」というもの。裁判とは明記していなかったが、「これ以上の手段」とは、それしか考えられなかった。

名誉毀損専門の弁護士が防戦に努めてくれた結果、訴訟沙汰にはならなかったが、あのときの「学問上の批判が裁判沙汰にまでなりかねないのか」という驚きは、いまでも忘れられない。相手は友人であり、経済学者としても尊敬できる人物だったから、こうした反応（反撃）が来るとは夢にも思わなかった。

これもやはり、日本的空気ゆえのことなのだろう。

周りに合わせる。和を乱さない。そして空気を読む。そうしなければ仲間に入れてもらえない。

メディアの世界も一緒だ。いくら正しいと思っても、周囲と比べて極端に思われるような記事は避ける。そのために、独自取材よりも「お上」に頼る。その結果、権力と癒着する……。

だが、問題は業界内の「和」などではないはずだ。ことに経済に関しては、国民の将来の生活がかかっているのである。空気を読まず、和を乱してでも、自分が正しいと思ったことを、いうべきときに、はっきりという必要がある。

終章　日本はいますぐ復活する

二〇兆円もの需給ギャップを抱えた理由

この終章では、ここまでの説明をまとめつつ、日本経済復活への道を提示したい。政治家を、失礼ながら「ヤブ医者」と書いた私なりの「処方箋」である。

東日本大震災後、失われた供給力の回復を急ぐ課題を日本経済は背負っていた。それに加えて、中東情勢悪化による原油価格の高騰は、貨幣面ではなく、実体面から困難な状況をもたらした。それは各国共通の問題だが、どうして日本だけが諸外国、発展途上国はもとより諸先進国と比べても悪いマクロ経済のパフォーマンスを続けていたのだろうか。

当時は各国とも原油価格の高騰という逆風のなかを航海していたのだが、そのなかで日本だけがいっそう置いてきぼりにされていた理由はなんだろうか——。

それは、日本経済だけが、デフレや円高にともなう需要不足に悩んでいたからだ。諸先進国が、リーマン・ショック以後、金融緩和を極端に拡大したなか、日本だけが拡張しなかった。そのために日本が通貨高で苦しんでいたのである。

この需要不足がなぜ生じたのかを説明しよう。

リーマン・ショック前には、不良貸し出しが含まれているため実際には価値のないサブプライムローン（信用力の低い個人向け住宅融資）と、それを「金融工学」の名のもとに合成した証券が流通していた。しかも、それが価値のあるものと考えられていた。

信用力の低い人々に貸し出された債券の価値が低いことは、誰にでも分かるはずだ。豊かでない人は、借金を返せるかどうか（もしかすると自分でも）分からない。借り手の財布を正確に把握していない貸し手にとっては、いくら借り手が「必ず返します」といっても、本当に返ってくるかどうか分からない。

従来の論によれば、借り手の破産がランダムに起こるのであれば、危険な証券も分散して持てば良いということになっていた。だから、合成した証券に価値があるという神話が生まれ、抵当を基礎にした証券（ＭＢＳ）が、（危険は多くても）高利の証券として売買されていたのである。

しかし分散投資の原理は、景気が悪くなり、ほとんどの持ち家の借り手がほぼ同時に返済不能になるような状況では、成り立たない。

こうしてＭＢＳに価値がないことが分かったために、リーマン・ショックが起きたのである。皆が富と思っていたものが、まるでシンデレラ物語に出てくる真夜中のカボチャの馬車のように、突如として消え失《う》せてしまったのだ。

諸先進国の中央銀行は、貨幣の増発、特に種々の資産を大幅に買い上げる量的緩和（QE）でこれに対処した。特にアメリカは、日本が金融緩和を怠ってデフレに陥ってしまったことを「反面教師」として、いち早く対応した。

一方の日本は、不動産投資信託（REIT）などを買い上げる「包括量的緩和」を最初にやったとされているが、その規模は極めて小さかった。その結果、日本の貨幣供給量はほとんど増えなかった。

それまで金融政策を緊縮的に行っていた日銀は、「わが国ではサブプライム危機は起こらなかった」と自慢したものだ。たしかに、そこまでは正しかった。だが、そのあとが最悪だった。

変動相場制下では、一国の金融拡張は当国の為替レートを切り下げ、貿易相手国の為替レートを切り上げる。自国の金融拡張は通常、他国の景気を悪化させるのだ。

諸先進国のリーマン・ショックに対応した金融拡張により、対応しなかった円の実質実効為替レートは切り上げられ、輸出産業の競争条件、そのハードルはきわめて高くなってしまった。

日本国内で金融危機は起こらなかったが、世界の為替市場は直結している。そのために、諸先進国の金融拡張の衝撃が、円の独歩高というかたちで日本を直撃したのである。

これは、日銀が金融を緩めれば防げたものだ。だが、第一章の図表2が示すように、バランスシートの拡大を見ても、日銀の対応はまったく不充分であった。金融政策では保守的な欧州中央銀行（ＥＣＢ）にも及ばない緊縮の度合いであった。

その結果、第二章で触れたとおり、日本の鉱工業生産はリーマン・ショック以降激減することになった。鉱工業生産変化率で測ると、日本はリーマン・ショックの震源地ではなかったのに、円高の波が押し寄せてきたため、震源地であるアメリカやイギリスよりも大きく生産が低下した。

その後も実質実効為替レートは円高が続き、産業の足かせになった。鉱工業生産指数はリーマン・ショック前の落ち込みと比べ、わずかしか回復しなかった。

その結果、日本経済は、潜在成長経路から見て、かなり大幅な需給ギャップを抱えた。片岡剛士氏は、こうしたギャップが二〇兆円程度に達すると説明していた。潜在ＧＤＰの四パーセントに近い数字である。

二〇一二年のバレンタインデーの金融緩和後、さすがの日銀も金融を緩め、徐々に過去のギャップを縮めた。しかし、リーマン・ショック以来のデフレギャップの大部分が、金融政策や為替政策を巧みにやっていたら避けられたのにと思うと、残念で仕方がない。

日銀のバランスシートを守るためだけに

円高が起こると企業はコスト軽減、製品価格の引き下げで対応するしかない。これは一種の自然療法のようなものである。医者が必要な薬、すなわちマネーを出してくれないので、長い時間をかけて企業自身が合理化に努めなければならないのである。その忍耐の過程で破産するエルピーダのような企業も出る。治す薬を持つ医者がそれを出さなかったことに責任を感じないで良いのだろうか。日銀のバランスシートを守るためだけに……。

私は日本で、しばしば原稿を頼まれたり、講演に呼ばれるわけではない。そもそも外国に住んでいるのだから、そんなことを嘆いてみても仕方がない。しかし、その理由の一つは、私が世間の通説、つまり日銀や財務省寄りの意見を持っていないことにあるのかもしれない。

二〇一二年六月、若田部さん、勝間さんとの本を読んでいただき、ジャパン・ソサエティの本家、ニューヨークの櫻井本篤《さくらいもとあつ》理事長からお誘いをいただいた。偶然、旧知の信子《のぶこ》夫人が、ニューヨークの書店で見つけられたのだという。そのときの司会者と討論者は、経済学者として昔から知っているポール・シェアード博士であった。

ポールはオーストラリア生まれの優れた経済学者であり、青木昌彦《あおきまさひこ》所長時代の経済産業研究所で活躍。実務経験も豊かで、リーマン・ブラザーズや野村證券で要職を務め、大阪大学経済学部国際協調寄付講座で助教授だったこともある。当然、日本経済にも詳しく、日本企業、日本の経営に関する本も執筆している。

彼の私の話に対するコメントと質問は本書のまとめとしても非常に有益だと思うので、私の答えに多少の加筆をしたうえで、引用してみたい（以下、訳も筆者）。

シェアード　浜田さんの指摘のように、日本のマクロ経済の驚くべき現状は、それが長期的なデフレの状態を続けているということです。これは日本のように変動相場制のもとにあって、独立性を持った中央銀行を有する国では起こり得ないと考えられていることです。

日本のGDPデフレーターは、その最大値から一八パーセント下落しています。同じ期間に、アメリカのGDPデフレーターは四〇パーセント上昇しているのです。

日銀は、日本のデフレは積極性が不充分な金融政策によるものではなく、実質経済が要因だといっています。特に現在と将来の潜在成長率を低めている人口構成の変化によるものが大きい、と。したがって、デフレを克服するには政府と産業がデフレを止めなければならないというのです。

浜田さん、これをどう思いますか？

浜田　人口減少は、理論的には、インフレ要因となってもデフレ要因にはなりません。日銀は自分の責任逃れになる理屈は何でも使いたがるのです。

いまおっしゃられたことで、私の講演の趣旨を百パーセントまとめていただきました。これは何より、日本の政治家、官僚、実務家、そして経済学者に聞いてほしいことです。

シェアード　日本銀行は、非伝統的な金融政策に関しては世界に先駆けているといいます。量的緩和、そのために社債、ＣＰ（コマーシャル・ペーパー）、ＥＴＦ（上場投資信託）、ＲＥＩＴ（不動産投資信託）を買い上げる操作は、各国が日銀を真似していると。それは本当ですが、そういう操作で日銀のバランスシートを大幅に拡大することを、日銀は拒んでいます。

たとえば国債を大量に買えば、バランスシートはすぐに膨らむはずなのですが、浜田さんもお示しのように、二〇〇八年のリーマン・ショック以降、日銀は二三パーセントしか拡大していない。一方、FRBはバランスシートを二一四パーセント、イギリス中央銀行は二八二パーセント、問題を抱えたECBですら一〇八パーセント拡大しています。

もし、日銀が同じ比率でバランスシートを拡大していたら、いままでに買った二七兆円に加えて、二七五兆円（日本の国債残高の四一パーセント）を買い上げることができたのです。どうして日銀はそうするのが嫌なのでしょうか？

浜田　具体的な数字の鮮やかな説明をありがとう。最後の質問は、まさに私が皆にインタビューして、「日銀はなぜ正しい政策を取れないのか」というテーマで研究しているところです。

シェアード　ここで消費増税が行われれば、デフレ、不況は、ますます進行します。ただ、その悪影響まで日銀の金融政策として非難されるのは不公平に思います。責任は、日銀だけでなく、財務省にもあるのですから。

浜田さんはこのところ日銀に批判的ですが、内閣府で政策決定に密接に関わってきた時期もありました。いま浜田さんが白川総裁や日銀幹部に会って意見を述べたら、彼らはなんというのでしょうか？

また、どうして日本の学者も実務エコノミストも、同じような（日銀に近い）見解しか述べないのでしょうか？　金融政策と金融論には、日本流の伝統理論と日本的でない（世界共通の）伝統理論があるのでしょうか？　世界の常識は、日本の異端なのでしょうか？

浜田　私もまったく同じ感想を持ちます。普通は違った意見を戦わせるパネル・ディスカッションで、これほど賛成してもらえたのは生まれて初めてです。本当にありがとう。

「ただ食い」が可能な日本経済

二〇一一年の東日本大震災は、主に不充分な金融緩和のために過去五年間続いてきた需要不足が解消しないところに襲ってきた。

震災は、生産供給能力の低下によって価格上昇圧力になる。しかし、他方、資金面では、非常時に備えた貨幣需要や保険金支払い準備のための資金環流を通じて、円建て資産の需要を増やす。

これはデフレ圧力を助長する。阪神淡路大震災後には一ドル七九円台の円高となったし、東日本大震災後には、過去最高値の七六円台を記録した。

震災直後の市場統計指標、たとえば百貨店、外食、旅行の売り上げは、大幅に減少しており、需要不足のシグナルを発していた。また新車販売台数も、供給要因もあるものの、激減した。円高とともに、需要不足経済の基調も続いていたのである。

これに対し、自民党の山本幸三衆議院議員は、復興のための国債を二〇兆円規模で日銀に引き受けさせることを提案した。当時、日本の需給ギャップを約二〇兆円と見て、復興の財源をお札を刷って賄おうとする正当な政策である。

同じことは、日銀が現存の国債を買いオペレーション（公開市場操作）することでも達成できる。政府が利子を払わねばならない国債を日銀が買い取ることで、救済費用を無利子の貨幣で賄うわけだ。国債も減るし、デフレも解消する。これは一石二鳥のフリー・ランチ（ただ食い）のように見える。

普通、経済現象では、フリー・ランチは許されない。この場合でも、ゼロ金利下であれば、貨幣供給の増加が国債負担を減らしても、それがインフレ傾向を助長し、国民の実質所得を減価、事実上の課税となるため、フリー・ランチとはならない。

だが東日本大震災後の日本では、皮肉な言い方だが、長いあいだ国民をデフレで我慢させたあとなので、このフリー・ランチが可能なのだ。

日銀が長年続けてきた、いわば「デフレ志向」の金融政策の結果、買いオペはインフレをもたらさない。長いあいだ国民がデフレに苦しんだあとなので、拡張政策も、すぐには将来的な物価上昇期待を生まない。金融政策の有効性を削《そ》ぐ面では問題だが、国債負担を減らすには絶好の条件がそろっているのだ。

すでに述べたように、金融緩和をせずに消費税率を一挙に上げれば、所得が減り、つまりは税収が減り、日本経済は壊滅する。しかし、政府や政治家がうまく日銀を説得して金融緩和を行い、デフレ圧力を払拭《ふっしょく》してから増税をすれば、消費者、産業界、そして財務省の三者にとって(落語ではないが)「三方一両得」となるのだ。

とはいえ、東日本大震災のあとの日本経済では、個別商品の価格上昇が起きる可能性がある。仮にそうなっても、個別価格の上昇が一般的な物価(生鮮食品を除くコア消費者物価指数＝CPI)の上昇に結び付かないようにしなければならない。

そのために日銀は二パーセント程度のインフレ・ターゲットを設定し、デフレに対してだけでなく、インフレへの歯止めも設けておけばいい。インフレ・ターゲットは、デフレ脱却のためだけでなく、インフレ防止のためにもいっそう有効なのである。

ただ、目標には生鮮食品だけでなくエネルギー価格をも除外した「コアコアＣＰＩ」を用いるべきだ。私は二〇一四年以降の石油価格暴落を予想できなかったことを反省している。

消費税の引き上げ幅は圧縮できる

国債の日銀引き受けでデフレを打破できれば、国の財政状態も自然増収で一息つける。そのことで、消費税の引き上げ幅を圧縮できる可能性も出てくるはずだ。

私も、決して増税そのものに反対しているわけではない。政府の財政が不用意では、東日本大震災のようなとき、機動的な対策を打てない。しかし、増税の前にできることがいくらでもあるといいたいのだ。そして、もし増税が必要だとしても、然《しか》るべきやり方がある。

金融を緩和しないまま消費税を引き上げるのは、最悪の場合、消費税収そのものが減ってしまいかねない。

そうでなくても、税率上昇による経済活動の鈍化のために、所得税や法人税の減収が消費税の増収を帳消しにすることは、すでに述べた橋本龍太郎内閣の教訓からも明らかだ。

当時、わずか二パーセントの増税でも、財政収入が減少してしまったのだ。まして いま、災害後の国民の苦しむ時期を狙ったかのように税負担をかけようとするのは、順序からしてもおかしい。

仮に消費税を上げざるをえないとしても、そのことで景気を悪化させずに済み、しかも長期的には望ましい歳入歳出のバランスを回復しようとするなら、IMFが提言するように、消費税を毎年一パーセントずつ、たとえば一〇年間上げていく政策を私は薦めたい。

それでも、課税による効率の低下をまったく避けることはできないのだが、その影響は漸進的《ぜんしんてき》なものとなる。慶応大学の深尾《ふかお》光洋《みつひろ》教授が強調するように、将来の増税負担を避けようとする国民による消費の前倒し効果も期待できる。

税金がすべて効率上の損失を生むとは限らない。たとえば環境税のように、人々が環境汚染をもたらすインセンティブを取り除こうとする税もある。それは税収を上げながら環境を浄化する効果がある。

アメリカのエネルギー省が推定した二〇一〇年の日本の温暖化ガス排出量に基づいて、同省案の炭素税を課すとすれば、約八〇〇〇億円の税収が見込めると、クーパー教授はいう。これでは充分でないかもしれないが、財政再建のためには真剣に考慮されるべきではないだろうか。

また環境税の効果は、水や空気をきれいにするだけではない。イノベーションを通じて新たな需要を生み出すきっかけになる。それにより、日本は低成長から脱する糸口をつかめるかもしれない。

世界は日本経済の復活を知っている

変動相場制のもとでは、アメリカの金融緩和は、日本に景気収縮的な影響を及ぼす。アメリカのFRBは、真剣に金融緩和姿勢を続けた。一方、日本は表向きだけ緩和の姿勢を見せるが、本腰であるようには思えなかった。

日銀総裁の発言から、「二〇一二年二月のバレンタインデー緩和は効かなかった」「効いてもらっては過去の日銀の立場がないので困る」「デフレの犯人は人口構成だ」という本音が透けて見えてしまうから、二〇一二年九月の金融緩和には、市場はほとんど反応しなかった。バレンタインデーや九月の緩和宣言自体が、「見せ金」に等しい政策であることは、すでに述べた。

デフレが継続し、円高が産業界を苦しめていること自体、日銀や財務省の為替政策が優柔不断であり、量的に不充分だったことを示している。

一つのバロメーターである為替レートをとってみても、実質実効為替レートをリーマン・ショック以前の状態（名目レートが一ドル九〇～一〇〇円の水準）に近付けることが望ましい。

変動相場制のもと、協調ないし単独で行う為替介入に頼らなくても、欧米との金融緩和の程度の違いで、円高を防ぐことができる。金融だけで、為替レートは充分に変えられるのだ。

消費増税で一気に財政を改善しようとしても、それは国民経済のパイ全体を小さくしてしまうことになる。それによってもたらされるのは、歳入の減少に過ぎない。増税を急ぎすぎると、むしろ日本経済にダメージを与えることになるのだ。

まず必要なのは、充分な量的緩和によって、デフレ、需要不足、低成長から脱すること。そしてそれは、経済を学んだ人間なら、世界中誰もが知っている常識である。

そこに、日本復活への鍵がある。言い換えるなら、世界は日本経済の復活を、すでに知っているのだ。

あとがき——「美しい国」を取り戻すために

本書の編集者、講談社の間渕《まぶち》隆《たかし》氏に初めて出会ったのは、早稲田大学の若田部昌澄教授が主宰する「経済ジャーナリズム研究部会」のあとの打ち上げの席であった。この研究会は、経済学者だけでなく、政治学や社会学の大学院生と教授陣がジャーナリストの生の声を聞けるユニークかつ学際的なセミナーで、坪内逍遥《つぼうちしょうよう》ゆかりの建物の近くで開かれる。

早稲田大学とイェール大学をつなぐ朝河貫一《あさかわかんいち》のフェローシップで早稲田に滞在していた私は、研究部会で多くのことを学び、普段は会えないようなジャーナリストに出会える貴重な機会を得た。産経新聞の田村秀男氏はこの会の常連であり、東京新聞の長谷川幸洋《はせがわゆきひろ》氏、『官報複合体』の著者・牧野洋氏にお会いしたのもこの会である。

多くのベストセラーを育てた間渕さんのすぐれた編集者ぶりは、元財務官僚、そして嘉悦大学教授の髙橋洋一さんから聞いていた。しかし、そのとき考えていた書物の内容を話すと、間渕さんには、「それは、デフレ、円高の経済学で、専門家だけが読むものです。より広い読者のためには、その社会学を書いてください」といわれた。その結果できあがったものが本書である（次作ではその「経済学」を世に問う予定だ）。

本書が「社会学」といえるかどうかは分からない。ただ私は、幸いにして多くの超一流学者から学び、個人的な交友もいただいた。尊敬する経済学の巨匠たちが、それぞれ真剣に、どうしたら経済メカニズムの真理を捉えられるか日夜努力しているのを、身をもって感じることができた。そこで、そうした人間模様、つまり経済政策決定過程の「人間学」を描こうと思ったのである。

また、アメリカに長く暮らしていることから、日米社会の違い、思考の違いなどに関する感想を、前著『エール大学の書斎から　経済学者の日米体験比較』（NTT出版）の続きのようなかたちで書き綴ったところもある。

本書の骨格ができあがったころ、間渕さんがアメリカ・コネティカット州、ニュー・ヘイブンにあるイェール大学に訪ねてこられた。そこでアイビー・リーグに属するイェール大学の古い建物の前で、私の写真を撮った。それが本書の表紙になった。

イェール大学コウルス研究所の前で

私は、彼をイェール大学の経済学部、コウルス研究所のコーヒー・ルームに案内した。大学院生時代、私もそこにある図書室で多くの時間を過ごした懐かしい建物である。そこにはアービング・フィッシャー、チャリング・クープマンス、それに指導教授ジェームズ・トービンの経済学の三巨匠の写真が飾られ、我々を見下ろしている。

フィッシャーは貨幣数量説の祖であるとともに、現代的な貯蓄理論の先駆者である。またイェールの経済学部の創始者でもある。トービンの記すところによれば、フィッシャーは自分の景気判断を信用し過ぎ、大恐慌のときも強気で、株に大いに投資し、それを周囲にも勧めたという。しかし株価は暴落し、フィッシャーは自宅まで手放さなくてはならなくなりそうになった。看板教授は大学が助けざるをえず、大経済学者も大学の人気者ではなくなったという。

クープマンス教授は、オランダ出身のたいへんハンサムな先生であった。私もその明晰な講義を受けさせてもらった。

線形計画法の経済学の適用で、ソ連のカントロヴィッツとともに、のちにノーベル経済学賞を受賞した。

そのためもあってか、教授はロシア語を勉強していた。私は以前、つい、「先生のお歳で新しい外国語を学ぶのはたいへんでしょう」と、失礼極まりないことを聞いてしまったことがある。先生からは、「コーイチ、そんなに人間の知的能力の射程を見くびってはいけないよ」と静かにたしなめられた。

コウルス研究所は、もともとシカゴにあった。クープマンスはそこで、ミルトン・フリードマンと、「計測なき理論」か「理論なき計測」か、という論争を交わした。フリードマンが「理屈が合っても実証に裏づけられない知識は役に立たない」と主張したのに対し、クープマンスは逆に、「いくら統計上の相関があっても、なぜそうなるか理屈がわからないような関係は政策に使えない」と主張した。私には、「人口減がデフレの原因である」といった主張は、まさに役に立たない「理論なき計測」の最たる例だと思える。

師トービンについては何度も述べた。コウルス研究所での私のもう一人の指導教官は、フィリップス曲線で業績を挙げたエドムンド・フェルプス教授。やはりノーベル経済学賞受賞者である。コーヒー・ルームで恩師たちのまなざしを感じながら、自分はこんなにもすばらしい勉学と試練の時を持つことができたのだなと、感慨無量であった。

日本経済回復の術《すべ》を、世界の経済学の巨匠から学んでいるのに、これまで日本ではなかなか聞いてもらえないのは確かに不本意なものだった。その思いがあまって、本書では多くの方に失礼な言い方をしたことがあるかもしれない。それも日本経済と国民のことを思ってのことである。お許しを願いたい。

コウルス研究所のコーヒー・ルームで

当時の福井俊彦《ふくいとしひこ》・日本銀行総裁が量的緩和を続けていた二〇〇六年以前には、日本経済は小康、いやそれ以上である中興の状態にあった。そういうときに原稿を頼まれていれば、「まあまあ日銀も政府もよくやっている」といった形になった。日本経済や国民にとっては、そのほうがいいに決まっている。

だが、アベノミクスのスタートまでの状況は、「自分の処方を三分の一でも聞いてもらえれば、日本経済はよみがえり、国民生活も向上するのに」と思いながら書くしかなかった。辛い作業だが、生きがいがあるともいえた。「自分の仕事が日本経済の助けになるのだ」という使命感が充実感にもなるのだ。そこで私が見ていたのは、日本経済復活という希望にほかならない。

最近、歳のせいか自分の一生を振り返ることが多くなった。また「東大友の会（FOTI）」の募金に関係するようになったので、奨学金のことに興味を持った。そこであらためて驚いたのが、自分の研究生活が、本当にたくさんの公的団体や私人の善意に支えられていたことだ。自分が公金の塊《かたまり》のようにさえ思えてくる。

日本育英会奨学金から始まって、中原伸之氏の父君である中原延平《なかはらのぶへい》氏の始められた新日本奨学会、フルブライト基金、イェール大学大学院奨学金、フォード博士論文フェロー、大平正芳《おおひらまさよし》記念財団、アメリカ学術振興会、国際交流基金、安倍晋三氏の厳父・晋太郎氏ゆかりの安倍フェロー、イェール大＝早大の朝河貫一記念フェローなどである。野村證券、トヨタ自動車、ジェトロ・ニューヨークなどからいただいた研究費に対しても、感謝でいっぱいだ。

これらの奨学金や援助には、自分で努力して獲得したものもある。しかし、先述した方々、機関の善意なしには、私の研究生活は成り立たなかった。たとえばフルブライト留学生で渡米しなかったとすると、どういう学者生活が待っていたか想像もできない。

だから今度は、自分が若者を援助する立場にならねばならない。「東大友の会」などを通じて少しはしているのだが、これだけのご恩をお金でお返しするのはほとんど困難である。自分勝手かもしれないが、本書のような形で、つまり自分の知り得た、あるいは研究の結果得た知識を国民にお伝えするかたちでご恩返しをするしかない。

二〇一二年一〇月三〇日、政策決定会合が開かれ、日銀の記者会見があったという。白川総裁に関しては、相変わらず金融緩和を引き延ばそうとして、物価の目途も二〇一四年だったのを二〇一五年に変えているようだった。童話「猿かに合戦」に出てくる将来の柿の約束は、ますます遠くなった。

総裁記者会見で最も気になった、いや、国民の未来を考えると怒りさえ覚えたのは、多くの記者が緩和の効果に疑念を示していたことである。「資金調達ができても貸し出しは増えない」というのはバーナンキ等の「信用加速理論」があることをまったく知らない議論だし、「国内金融を緩和しても海外に資金が流れる」という意見に関しては、それで何が悪いのだといいたい。資金が流出すれば円安になり、それで輸出需要が増えるからである。

これらの質問は、金融、国際金融に関する学部生レベルの常識を持っていないことを示す。すでに引用した田中正造の言葉がますます現実性を持ってくる。

安倍晋三氏の著書のように、日本に帰るたびに、私も日本は「美しい国」だと実感する。自然の美しさにとどまらず、心の細やかさもある国である。病院で検査の採血をしてもらうだけでも、治療の細やかさ、やさしさが伝わってくる。このような美しい日本が、金融政策を「しょぼい」レベルに保っていたために、長年、若年失業率の高い、設備稼働率の低い状態を続け、さらにはそれが将来への成長の活力を奪ってきたのは、残念であった。

私は二〇〇九年九月、頸部の内出血を患い、ステントを血管に入れる手術で命を取り留めた。三年経って、ほとんど普通と変わらない生活ができるようになった。仕事ができるような状態を授かったからには、これからは自分の経済学の知見を国民の将来のために一生懸命伝えるのが天命であるように思える。

本書を終えるにあたって、まず私の心身両面での外国生活への適応を助けてくれ、特に手術後の回復に心を尽くして看病し、激励してくれた妻キャロリン・ボーダンに感謝する。妻の努力なしには、この書も生まれなかったであろう。

私が住むアメリカでは、伴侶《はんりょ》への著者の謝辞の常套《じょうとう》文句は、「君の週末を犠牲にしてくれてありがとう」というのだが、キャロリンの場合は、彼女のほうで「原稿の締め切りの頃にはカナダに紅葉を見に行くのよ。それまでに仕事を終えて」という形をとった。むしろそれが励みになったのは間違いない。

本書の執筆にあたってお世話になった方は数知れない。思いつく方を何人か挙げて、皆様へのお礼に代えたい。

本書に掲載した図表を作成していただき、しかも草稿に目を通して率直な意見をいただいた、三菱UFJリサーチ&コンサルティングの片岡剛士氏に心からお礼を申し上げたい。経済学の正統的な訓練を受けながら金融の実務にも通じ、しかも日々の政策問題に鋭い批判的な目を注ぐ片岡氏のようなエコノミストが育ってきたことは、本当に喜ばしい。

また、正しい金融理論を長い間主張し続けてきた岩田規久男氏の周りに集まる「昭和クライシスの研究会」のメンバーには、個人を通じても、その研究連絡のネットワークを通しても、たいへんお世話になった。一部の方々は本書の内容に登場するが、ここでは研究グループ全体に感謝したい。

なお本書は、私が内閣府にいて政策経営の現状を垣間見《かいま》たときの手記（メモアール）もベースの一つとなっている。そのメモアールを読んで貴重な意見を述べてくれた、故・加藤裕己氏（元内閣府大臣官房審議官）、岩田一政氏（元日銀副総裁）、上念司氏（監査と分析）にも心からお礼を申し上げたい。元内閣府の喜友名《きゆな》純子《じゅんこ》さん、一橋大学経済研究所の松崎《まつざき》緑《みどり》さん、そしてイェール大学の研究室で仕事の傍らメモアールを読んでくださった方々にも同様に感謝したい。

本書と関連した研究、あるいは「法と経済」の研究のため滞在した、神戸大学経済経営研究所（上東《かみひがし》貴志《たかし》、髙橋亘両教授）、一橋大学経済研究所（青木《あおき》玲子《れいこ》教授）、東京大学大学院経済学研究科（吉川《よしかわ》洋《ひろし》、福田《ふくだ》慎一《しんいち》両教授）、そして早稲田大学政治経済学部（藪下《やぶした》史郎《しろう》、若田部昌澄両教授）、原田泰・日銀政策委員会審議委員にも、心からお礼を申し上げる。

自分の意見は日本の通説と離れていたので、金融政策に関して意見を聞かれる機会も少なくなっていたが、それでも発表の機会をいろいろな方が与えてくださった。

国際文化会館（明石《あかし》康《やすし》理事長）、コネティカット州のフェアフィールド・ジャパン・ソサイエティ（河井《かわい》容子《ようこ》氏）、ＮＩＲＡ（牛尾《うしお》治朗《じろう》会長、伊藤元重理事長、神田《かんだ》玲子《れいこ》部長）、監査と分析（勝間和代氏）、野村総合研究所（井上哲也《いのうえてつや》氏）、ＪＩＩＥ（星岳雄《ほしたけお》編集長）などである。ジャパン・ソサエティ（ニューヨーク）の櫻井本篤《さくらいもとあつ》・信子《のぶこ》夫妻には、ニューヨークでの発表の機会をつくっていただいた。

以上の方々には私と意見を異にする人、なかにはまったく正反対の人も含まれている。しかし、通説と違う意見（それは世界の学界での通説なのだが）を表明する機会を与えてくれたフェアプレイの持ち主として感謝したい。

また最近、私の意見を有力政治家に伝える機会をつくっていただいた国家ビジョン研究会（中西真彦代表）、川井徳子《かわいのりこ》さん（ノブレスグループ代表）にも心からのお礼を申し上げる。

アメリカと日本では、仕事に対する感覚が違う。「引退しました」と日本人にいうと、「アメリカの大学は定年がないと聞いていましたが、ピア・プレッシャー（仲間内からの圧力）があるのですか？」といった反応があるのに、アメリカ人は異口同音に、「おめでとう。これから人生を楽しんでください」という。

「お疲れさま」という挨拶は、昔、日本にはなかったと思う。おそらく皆が長時間働くから、「疲れることがいいことだ」という感じなのだろう。いわば働き蜂・日本人ならではの挨拶だ。

アメリカ人は、疲れるのはその人の責任、寝て直すしかない、という感覚である。能率よく、なるべく疲れないように成果を発揮するのが人間と考えるのだ。「ハウ・アー・ユー」と聞かれると、「今日は調子が悪い」とは絶対にいわないアメリカ人が、「ウイ・アー・タイアド」などと言い合うことは想像できない。だから日本人が「お疲れさま」というのを聞くと、日本が「総疲労列島」のように見えてくるのである。

しかし編集者の間渕さんは、日本人が協力し合って力を出し切ったときの達成感をお互いに「お疲れさま」といってねぎらうのは、日本人の美しい姿だという。協力が持ち味の日本社会をよく表した言葉でもあるのだろう。

その意味で、本書成立のため全力を出し切っていただいた間渕隆さん、構成を手伝ってくださった橋本宗洋《はしもとのりひろ》さんに対しては、心から「お疲れさま、ありがとう」の言葉を送りたい。

浜田宏一《はまだこういち》

浜田宏一——1936年、東京都に生まれる。イェール大学名誉教授。経済学博士。第2次安倍晋三内閣で内閣官房参与として「アベノミクス」の理論的指導者となる。国際金融論に対するゲーム理論の応用で世界的な業績をあげ、日本のバブル崩壊後の経済停滞については金融政策の失策がその大きな要因と主張、日本銀行の金融政策を批判してきた。1954年、東京大学法学部に入学し、1957年、司法試験第二次試験合格。1958年、東京大学経済学部に入学。1965年、経済学博士号取得（イェール大学）。1969年、東京大学経済学部助教授。1981年、東京大学経済学部教授。1986年、イェール大学経済学部教授。2001年からは、内閣府経済社会総合研究所長を務めた。著書には、『アベノミクスとTPPが創る日本』（講談社）、『グローバル・エリートの条件』（PHP研究所）などがある。

講談社+α文庫 アメリカは日本経済《にほんけいざい》の復活《ふっかつ》を知《し》っている

浜田宏一《はまだこういち》　

2015年11月19日第1刷発行

発行者——鈴木 哲
発行所——株式会社 講談社
東京都文京区音羽2-12-21 〒112-8001
電話 編集(03)5395-3522
販売(03)5395-4415
業務(03)5395-3615
デザイン——鈴木成一デザイン室
本文データ制作——朝日メディアインターナショナル株式会社
カバー印刷——凸版印刷株式会社
印刷——慶昌堂印刷株式会社
製本——株式会社国宝社

落丁本·乱丁本は購入書店名を明記のうえ、小社業務あてにお送りください。
送料は小社負担にてお取り替えします。
なお、この本の内容についてのお問い合わせは
第一事業局企画部「+α文庫」あてにお願いいたします。
Printed in Japan ISBN978-4-06-281629-8
定価はカバーに表示してあります。